阿里巴巴的企业文化

第2版

张继辰　王乾龙◎著

海天出版社
·深圳·

图书在版编目 (CIP) 数据

阿里巴巴的企业文化 / 张继辰, 王乾龙著.—— 2版.——
深圳 : 海天出版社, 2015.4（2020.11重印）
（标杆企业研究经典系列）
ISBN 978-7-5507-1248-5

Ⅰ.①阿… Ⅱ.①张… ②王… Ⅲ.①电子商务—商
业企业—企业文化—中国 Ⅳ.①F724.6

中国版本图书馆CIP数据核字(2014)第292901号

阿里巴巴的企业文化
ALIBABA DE QIYE WENHUA

出 品 人　聂雄前
责任编辑　李新艳
责任技编　陈洁霞
封面设计　元明·设计
─────────────────────────
出版发行　海天出版社
地　　址　深圳市彩田南路海天大厦　（518033）
网　　址　www.htph.com.cn
订购电话　0755-83460202(批发)　83460239(邮购)
设计制作　蒙丹广告0755-82027867
印　　刷　深圳市希望印务有限公司
开　　本　787mm×1092mm　1/16
印　　张　13.5
字　　数　158千
版　　次　2015年4月第2版
印　　次　2020年11月第7次
定　　价　39.00元
─────────────────────────

前言
QIANYAN

2014年9月19日晚，阿里巴巴在美国纽交所敲响上市钟声，演绎了一轮资本市场"巨无霸"的造富神话。借着赴美上市的东风，阿里巴巴董事局主席马云已跻身中国新首富。15年前，马云赴美融资200万美元失败，如今他带走了218亿美元。

成功在纽交所上市，真正确立了阿里巴巴国际大公司的形象。从市值来看，阿里巴巴已位列美科技股第四，排名于苹果、谷歌和微软之后，Facebook之前。值得一提的是，阿里的市值比亚马逊和eBay之和还要多。

《彭博商业周刊》评论道："阿里巴巴的巨额IPO显示着中国的互联网企业家们把自己定位成是极具竞争力并且能够在全球互联网市场中赢得首屈一指地位的一群人，也使得'美国电商主导地位受到了前所未有的威胁'。"

作为一个纯粹的商务平台，阿里巴巴事实就是一个大型的虚拟市场，里面划分为3个不同的交易区域——B2B、B2C、C2C，不同的交易需求者进入不同的区域交易。数以亿计的个体和企业在这个没有任何实体空间的市场上交易。

阿里巴巴旗下的淘宝平台，被英国《经济学人》杂志称为世界上最伟大的集市，一个10年内成交额能从3400万元猛增到1万亿元的商业网络平台，一个能在2013年"双十一"购物狂欢节销售额突破350亿元的商界奇迹，一个能让百姓足不出户，通过网络便几乎能够满足所有衣食住行要求的电子商务平台。

我们在对阿里巴巴进行长达10年的深入跟踪研究后，最终发现"清晰的发展战略＋成功的管理模式＋独特的企业文化＋梦幻的人力资源组合＋有效的营销策略"正是阿里巴巴成功的核心所在。

美国著名管理专家托马斯·彼得斯和小罗伯特·沃特曼研究美国43家优秀

公司的成功因素，发现成功的背后总有各自的管理风格，而决定这些管理风格的恰恰是各自的企业文化。

阿里巴巴在创办及互联网低谷期间，每人每月只拿 500 元工资。每月只拿 500 元工资是表现形式。每月只拿 500 元却团队不散，这里面包含着对阿里巴巴文化的认同，对阿里巴巴前景的期许，是为长远利益而对眼前利益的舍弃，对阿里巴巴的信心，流淌着相同的创业精神和血液。

很多人会问：企业文化与电子商务的成功有关系吗？答案是肯定的，一个企业如果没有自己的企业文化，那么就不可能在团队中形成凝聚力。对企业精髓有了深刻了解后，对企业方向、使命、团队共识就会有一种高度认同和演绎。用价值观来统一思想，通过统一思想来影响每一个人的行为，最后形成合力。互联网业务是需要所有人齐心协力打出来的。在中国，似乎没有一家企业比得上阿里巴巴这家公司这样注重企业文化。

文化建设一直是阿里巴巴发展的重中之重，2001 年，强调"简单、激情、开放"等价值观的"独孤九剑"在阿里内部被奉为圭臬；2003 年，阿里巴巴更是"争议性"地把价值观纳入到绩效考核体系中，而且占到 50% 的权重，有时候甚至权重会更加重。

马云曾这样说道："在阿里巴巴有一样东西是不能讨价还价的，就是企业文化、使命感和价值观。"

《阿里巴巴的企业文化》全方位解读了阿里巴巴在企业文化方面的规划、建设、落地与执行的精要，是每一个关注阿里巴巴、马云为什么成功的总经理、创业者、职业经理人等读者的必读书，也是企业文化及人力资源工作者的核心教程。

目录

第一章
文化是企业的灵魂

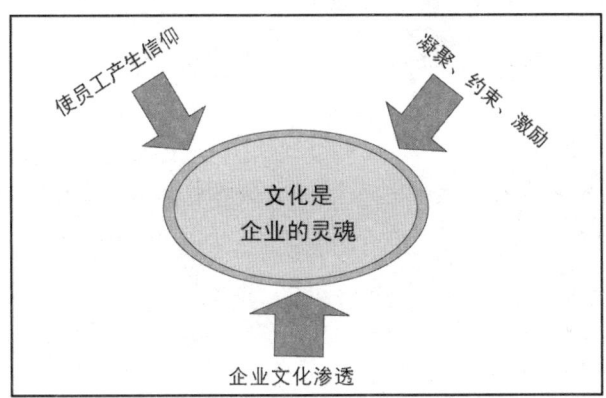

ALIBABA

企业的发展历程分三个阶段：第一阶段是经营产品即以产品为中心；第二阶段是经营品牌；第三个阶段是经营文化。同样，有一种说法是，"一流企业靠文化，二流企业靠营销，三流企业靠生产"。

管理畅销书《追求卓越》的作者，美国经济学家华特曼，在考察了美国的英特尔公司、通用电气公司、杜邦公司、波音公司等大公司以后得出一个这样的结论：贯穿所有美国杰出公司的一个共同特色，就是每一家都有一个强有力的"企业文化"。所谓企业文化就是大家共同遵守的价值观念，也就是所有好的员工都心悦诚服地接受的行事准则——一种"我们公司就是这样的"自豪的想法。

企业文化对于企业长期经营业绩有着重大作用。世界500强中优秀而长寿的企业，实际上都是在经营文化。像通用电气推崇的三个传统"坚持诚信，注重业绩，渴望变革"；沃尔玛的基本信仰"尊重每位员工，服务每位顾客，每天追求卓越"；诺基亚的价值观"科技以人为本"；等等：优秀的企业文化已经成为企业核心竞争力的重要组成部分。许多百年企业之所以存在，非常重要的一个原因是企业文化像基因一样置入到企业当中去。尽管他们的经营战略和经营业务总是在不断地调整以适应变化的外部世界，却始终保持着稳定的核心文化理念，这些也成了企业不可或缺的无形资产。

阿里巴巴集团董事局主席马云表示："每到一个地方，都有人问我，'你的团队从十多个人到上万名员工是如何管理的？'其实只有简单的五个字——价值观，文化。"

使员工产生信仰

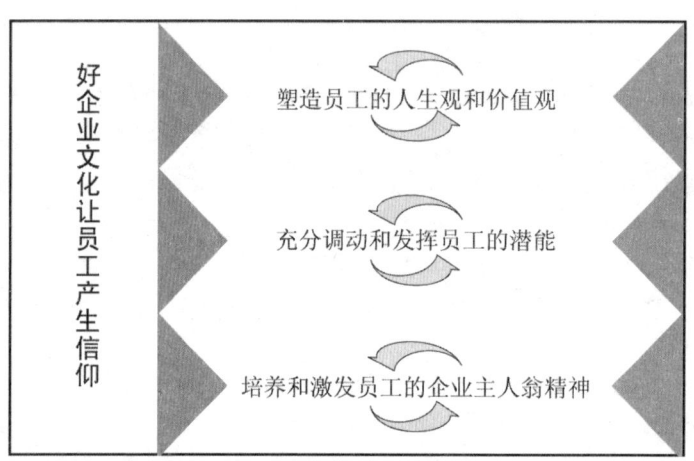

好企业文化让员工产生信仰

塑造员工的人生观和价值观

充分调动和发挥员工的潜能

培养和激发员工的企业主人翁精神

中粮集团董事长宁高宁曾这样讲述企业文化的发展过程："在最初的生产汽车流水线上，企业文化的表现更多是纪律，是服从，是劳动力与金钱的交换关系，当企业管理者意识到人作为生产要素的一部分是无法全部以纪律和交换来管治的时候，企业文化就产生了。企业文化有意识地形成和有目的地用来激发人的热情和效率，是企业中高层次的管理阶段。文化变成了企业产品、服务、效率甚至对外形象的一部分。"可以说企业文化已经成为员工信仰的一部分。

"精神管理"理论创立者齐善鸿教授用"两座房子"的故事来解释企业文化的作用。在企业这座"房子"里，人们拿着工资和福利还怨声载道，而在寺院这样的"房子"里，人们心甘情愿地将辛辛苦苦挣来的钱捐献出来。两相对比，我们不难发现一个问题，就是企业的管理中少了类似于宗教中能够让人们信仰的东西，更多的是一种基于简单利益的交换——干活，给钱！这个能够让员工产生信仰的东西，就是优秀的企业文化。

　　人们的喜悦，不只是靠金钱就能得到的。虽说工资可以降低员工的不满，但不能增加员工的满足感。应该说，能够增加员工的满足感的，还是工作本身的意义。建立企业的文化有利于塑造员工的人生观和价值观，使员工产生信仰，进而充分调动和发挥员工的潜能，提高劳动生产率，培养和激发员工的企业主人翁精神，增强责任感、使命感和危机感。阿里巴巴董事局主席马云曾明确指出：有一样东西是不能讨价还价的，就是企业文化、使命感和价值观。

　　这位曾在所有员工面前将自己打扮成"白雪公主"来逗乐大家的企业家深知，只有企业文化才是阿里巴巴不可复制的核心武器，即使已经有诸多互联网公司在深挖他们走过的商业模式，但没有一家能像他们一样拥有不可战胜的文化合力。

凝聚、约束、激励

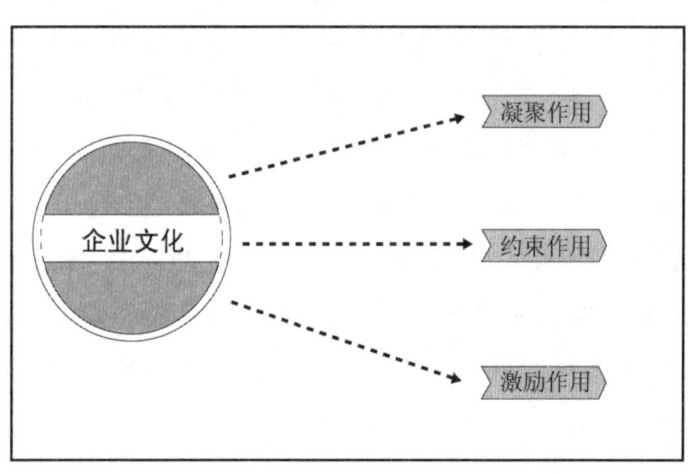

"财富不能创造文化，文化却能创造财富"。当前文化力在企业发展中所起的作用越来越重要。企业已从传统的产品竞争、人才竞争、资源竞争走向文化竞争。企业文化对员工的凝聚、约束、激励作用将会使企业获得竞争的主动权和制胜力量，以至于有人说"文化力是 21 世纪企业成功的入场券"。

凝聚

阿里巴巴在最困难的时候每人每月只拿 500 元薪水。每月只拿 500 元薪水而团队不散，正是由于对企业文化的认同，对企业前景的信心。没有这种认同作为基础，企业只会在互联网低谷期间四分五裂。如果没有阿里巴巴企业文化的魅力，每月 500 元不但无法使阿里巴巴团队产生凝聚力，也不可能吸引更多人才放弃百万美元年薪投身阿里巴巴。

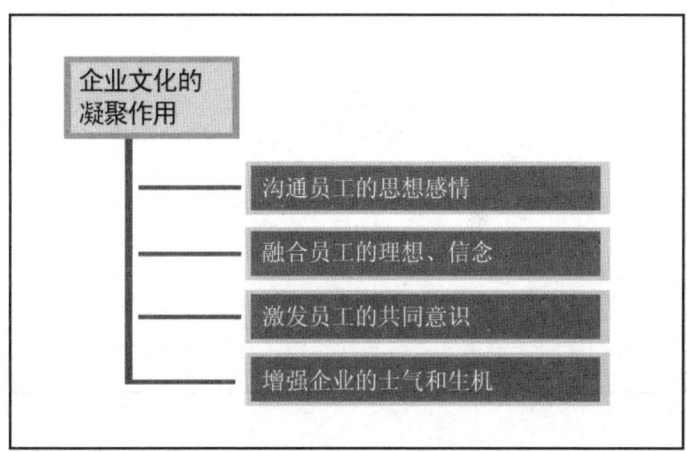

阿里巴巴公司从中国杭州最初 18 名创业者开始成长为在三大洲 20 个办事处拥有超过 10000 名雇员的公司，基于阿里巴巴价值观体系的强大的企业文化已成为阿里巴巴集团及其子公司保持凝聚力的基石。共同的企业文化使一个人觉得自己是整体中一个不可或缺的部分，会觉得他的个人利益与组织休戚相关，愿意为了整体而牺牲眼前的利益，愿意使企业免受伤害，正如愿意维护自己的家庭一样。

约束

中粮集团董事长宁高宁认为："企业文化首先是一种无形的，不是写在纸上的行为规范。事实上，任何社会、企业的行为都不可能无遗漏地用文字、纪律规范下来。没有企业能规范员工在家里想什么，没有人能规范公司的经理用什么口气与员工谈话，等等——（没有写的），远远多过企业守则里可以写下的；但企业恰恰自己会形成这么一种文化的规范，很有力，很严密，很自觉，很统一。"

企业文化使信念在员工的心理深层形成一种定势，构造出一种响应机制，只要外部诱导信号发生，即可以得到积极的响应，并迅速转化为预期的行为。这就形成了有效的"软约束"，它可以减弱硬约束对员工心理的冲撞，缓解自治心理与被治理现实形成的冲突，削弱由其引起的一种心理抵抗力，从而使企业上下左右达成统一、和谐和默契。

阿里巴巴的六个核心价值观是支配阿里巴巴一切行为的指南，更是企业 DNA 的重要部分。阿里巴巴在雇用、培训和绩效评估等企业管理系统中科学地融入这六个核心价值观。

激励

企业文化的激励作用，是指企业文化本身所具有的通过各组成要素来激发员工动机与潜在能力的作用，它属于精神激励的范畴。具体来说，企业文化能够满足员工的精神需要，调动员工的精神力量，使他们产生归属感、自尊感和成就感，从而充分发挥他们的巨大潜力。

关键是员工对企业文化的理解和认同程度。一旦员工对企业文化产生了强烈的共鸣，那么企业文化的激励功能就具有持久性、整体性和全员性的特点和优势。

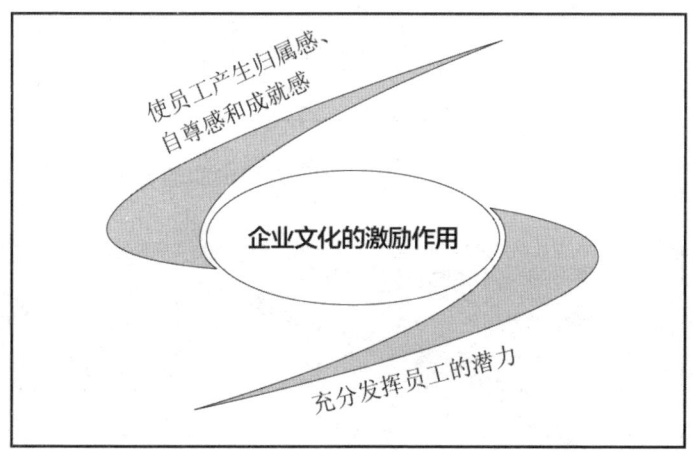

我国的一些企业家在执行企业文化职能的时候，往往重视企业文化对外宣传效果的发挥而忽视内部影响力。企业善于利用企业文化造势，但不得不说，这是一个误区。

阿里巴巴的企业文化对企业员工产生了巨大的激励作用，使他们在工作中充满了激情。在共同的价值观和追求的激励下，阿里巴巴的每一个员工都非常有激情。一位淘宝新雇员刚进入公司时，对公司无处不在的激情完全不能理解，认为自己进了"疯人院"，可两个月后，他却觉得这是理所当然的。一群互联网销售人员长时间站立在一部部电话前，手舞足蹈，滔滔不绝。一位遭受重大挫折、意志消沉甚至想到过自杀的白领，在加入阿里巴巴后，不到三个月就俨然换了一个人似的。一次，在淘宝交易额冲过目标值时，某部门雇员在部门经理带领下愉快"裸"奔，男生脱掉上衣，甚至只剩下一条裤衩，尽管这一业绩并不与薪水挂钩。

企业文化渗透

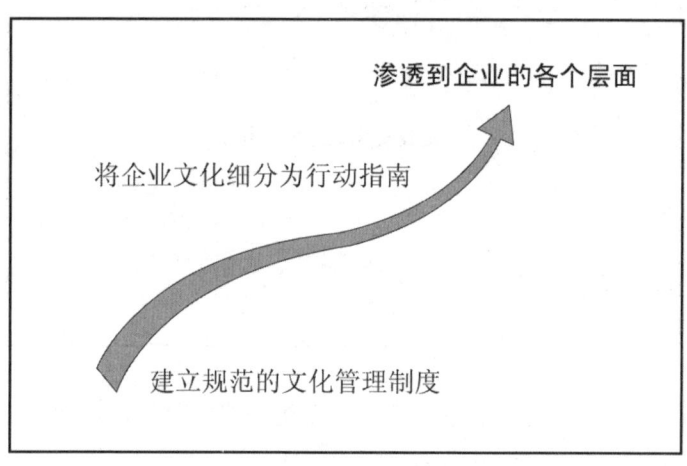

企业文化虽不能像纪律一样记录下来，但它却可以渗透到企业的各个层面，甚至渗透到员工的言行举止当中。松下电器产业株式会社的创始人松下幸之助曾经去考察一个企业，洽谈合作意向。他在企业生产车间仔细地观察了一遍，与工厂的工人做了交流，合作的事就此确定下来。公司的同事问松下为什么这样就做出了决定，松下说："一个企业最主要的是它的精神，这其实很简单，我从工厂的面貌和工人的言谈举止就了解和认识了他们的文化，这一切说明这个企业是一个很有活力和具有发展前景的企业。"

马云认为，作为创始人本身，最大的职责就是企业文化的推广；做好首席"文化官"，也是任何创业者的首要任务之一。同时马云认为，制订企业文化目标、共同的使命和价值观很容易，最难的地方在于点点滴滴地实施，让企业文化可以渗透到企业的各个层面。

进行企业文化的渗透不是一件易事。成功的企业都特别注重企业文化的落地，而不仅仅作为墙壁上的口号那样流于形式。

马云说道："我们全国各地的公司墙上没有一个贴着价值观的。东西贴在墙上就完了，做不好了。"

马云表示："我们提倡的价值观、文化不要停留在口号上，而要落实在行动上。"

企业文化只有化成员工的具体行为之后才有用。为此，建立规范的文化管理制度是实现文化控制的重要途径。文化管理制度是企业文化的重要组成部分，是塑造企业文化的根本保证。文化管理制度的建立是将制度柔性化的一个过程，是将制度与企业文化结合的过程，是制度与文化互动的过程，即把企业倡导的价值观和经营理念转化为具有可操作性的管理制度、行为规范。

阿里巴巴"六脉神剑"的 30 项指标，成为价值观考核的硬指标，跟员工的钱袋挂上了钩。但最终的努力还是通过各种办法把价值观放进员工的心里，溶进员工的血液里。马云说道："我们的价值观很清楚，就是阿里巴巴是间客户第一的公司，员工必须有诚意、有热情，我们甚至明确了公司的价值观要定期考察，确认员工（是否）融入了企业文化。光有业绩却无法融入企业价值观的员工，我会请他走路，因为那就好像只野狗一样。相反地，价值观满分但业绩零分的员工，不过是小白兔，我也会请他走路。"

阿里巴巴的"六脉神剑"从一个抽象的概念变成了 30 个具体的行动指南，但这依然无法保证每一个员工的行动都能按照价值观的指引进行。这时，阿里巴巴又抓住典型案例，在全公司范围内进行了无数次反复的传播与讨论，最终才形成了这样一个高度透明、行动整齐划一的团队。

马云：文化是企业的DNA

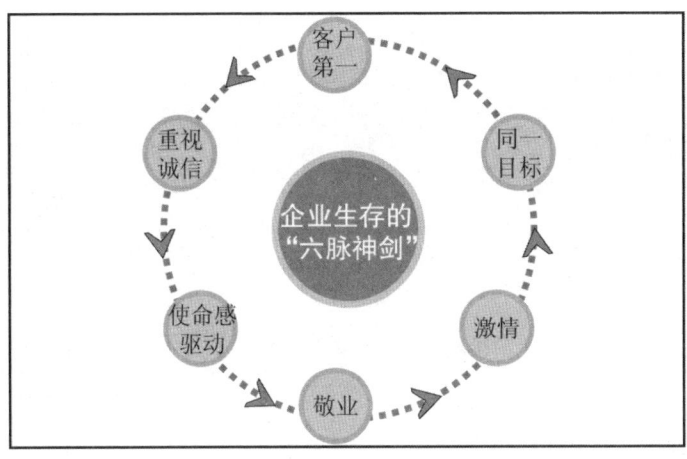

员工必须坚持理想、使命感、价值观，一代代地传承下去，像DNA（生命的遗传物）一样。这个公司的人可以老去，但是这个企业的文化必须继承下来，一代代传下去，才能有不断的创新。

使命感——企业发展的驱动力

我们的目标第一是做102年的公司；第二个是做世界十大网站之一；第三个目标是只要是商人，一定要用阿里巴巴。

当一个企业确立了目标之后，就需要进入下一个思考。

什么是那些伟大企业走下去的重要原因?

2003年,我们阿里巴巴在B2B领域已经发展很好了。怎么走下去,我很迷茫。当你站在第一的位置上,往往不知道该往哪里走,因为第二、第三可以跟着第一走,但是第一没有参照。那时我凭什么做出一系列决定?就是凭着使命感。

爱迪生企业的使命是什么?Light the world(让全世界亮起来),从企业CEO到门卫,大家都知道要将自己的灯泡做亮、做好,结果现在"打遍天下无敌手"。

我们再看另外一家公司——迪斯尼。迪斯尼公司的使命是Make the world happy(让世界快乐起来),所以迪斯尼所有东西都是令人开开心心的,拍的戏也都是喜剧,招的人也全是快乐的人。

另外一家公司TOYOTA(丰田),它的服务让全世界都懂得尊重。有一个故事,在芝加哥的一个大雨天,路上一辆TOYOTA车子的雨刮器突然坏了,司机傻在那里,不知道怎么办。突然从雨中冲出一个老人,趴到车上去修雨刮器。司机问他是谁,他说他是丰田公司的退休工人,看见他们公司的产品坏在这边,他觉得有义务把它修好!这就是强大的使命感和企业文化,才使得每个职员将公司的事当作是自己的事情。

只有在这样的使命感的驱动下,才会诞生今天的迪斯尼、今天的丰田。

我们阿里巴巴的使命是:"让天下没有难做的生意。"我们做任何事情都是围绕这个目标,任何违背这个使命的事情我们都不做。所以有人会很奇怪地问我们:"你们凭什么做出这样子一个决定啊?"我说:"我们凭我们的使命感。"我们推出一个产品,首先要考虑的是这个产品是否有利于生意。我们推出"支付宝"也是这个原因。

价值观——企业生存的"六脉神剑"

我们思考：什么样的工作环境是我们最需要的？于是，阿里巴巴就约法三章，提出我们的六大价值观，我们称之为"六脉神剑"。

一、客户第一

说员工第一，这太假，有可能变成大锅饭；说股东第一，则有可能重复安然（美国大公司，后破产）的旧例。我们坚持的客户第一，就是要为社会创造价值，服务客户。

二、重视诚信

阿里巴巴讨厌那些不讲诚信的人。在阿里巴巴最困难的时候，我们发现"回扣"的事很暧昧：给回扣我们公司能够活下来，不给回扣则有可能倒闭。于是，我们公司在刘庄专门开了个会议，我们后来称之为阿里巴巴的"遵义会议"。当时我们做出了一个艰难的决定：从今天开始，公司永远不给任何人一点回扣，如果谁给了回扣，就请离开公司。这个决定很痛苦。我们发现伟大的决定都是痛苦的，但痛苦的决定却不一定伟大。

现在，我们的合作伙伴知道跟我们阿里巴巴合作是不会给回扣的，我们宁可把这笔钱用在提高服务质量上。

在公司的采购上，我们在合同上也同样写明了合作公司不准给回扣，哪怕只是一颗糖，你也得给我拿回去。如果发现哪个公司这么做了，那么我们永远不会和它合作。我们相信，我们不需要进行桌下交易。这样的伙伴也不会好的。

三、使命感驱动

阿里巴巴是使命感驱动的公司，是有着明确目标的公司。

四、敬业

有些年轻人经常是一上班就一个劲地抱怨：真没意思，待在这里工作真没意思。我就奇怪了，既然没意思，为什么不辞职呢？这就是没有敬业精神。

我不喜欢职业经理人，因为职业经理人看人往往是这个人还不错、这个人马马虎虎啦之类。而领导者则往往能看到人的潜力，同时他又有承担责任的勇气。比如军队里的参谋，他提供了 25 个方案，而参谋长就是从这 25 个方案中找出 3 个，而师长的任务就是从这 3 个中挑出一个来做，其他的交给别人。这就是领导者应该有的魄力以及担当性。

我现在发现很多人一离开一个公司就开始骂这个公司，这样不好。我建议学弟学妹们，如果发生什么事情离开一个公司时，不要抱怨，抱怨只会让你更不受人尊重，这是没有职业道德修养的一种体现。

美国有个 GE 公司（通用电气）和西门子公司竞争很激烈。两者竞争激烈到 GE 出来的员工认为"我再烂，我也不去西门子"；同样，西门子出来的人也是如此。这是因为一个 GE 出来的人如果进了西门子，当西门子这边的人问起你在 GE 那边是怎么做的时候，你说了，对不起 GE 那些曾经和你一起拼搏的兄弟和老板；你不说，又对不起现在的新同事。所以这些员工才坚决不去竞争对手那里。我们一直强调的职业道德，就是这个。

我作为阿里巴巴的 CEO，感觉是 so far, not so good, sook!（感觉还可以）但十几二十年后，我不可能一直把 CEO 当下去，因为后面的年轻人会超越我。我只是一个 4×100 米接力赛的第一棒选手，当我跑完第一棒时，是第一名；但你不能保证第二棒还是第一名，如果逞强，就把团队给害了。所以，我在跑第一棒时就尽力把自己的工作做好。

员工也是一样，"铁打的营盘流水的兵"。员工必须坚持理想、使命感、价值观，一代代地传承下去，像 DNA 一样。这个公司的人可以老去，但是这个企业的文化必须继承下来，一代代传下去，才能有不断的创新。

五、激 情

激情来得快，去得更快。你可以失败，可以失去一个项目，但是你不能放弃。一个员工第一天晚上很晚下班，疲惫地离去；第二天一早，他又笑着回来了，这就是激情。激情是可以传递的。这样一来，整个公司的氛围就变好了。

六、同一目标

3年前阿里巴巴遇到的"非典"，这是价值观和企业文化之间的冲击和碰撞的一次具体体现。我想说的是：在灾难来临时，文化产生的反弹力是很大的。正是因为阿里巴巴有同一目标，才能产生极大的凝聚力，共同渡过难关。

（本文为2007年马云在"浙江人文大讲堂"杭州师范学院的演讲。）

链接 1

苹果公司的企业文化

人工制品

1.故事与传说。苹果公司的故事与传说，绝大部分是以乔布斯为主角的故事，以口头传播、媒体报道、图书出版的形式在苹果公司内部、外部利益相关者以及全球的苹果产品消费者之间流传。如乔布斯去世后，《经济学人》刊登的讣告中，记录了他生前的一件趣事：乔布斯曾经因为不满意谷歌网站上一个 Logo 字母的颜色，亲自打紧急电话给谷歌的技术人员，让他马上修改。诸如此类的故事，不断向苹果公司内外传输着苹果公司强调细节、重视产品设计与美感，领导者亲力亲为、不喜授权的企业文化。

2.仪式与典礼。苹果公司最典型的仪式与典礼是新产品发布会，通常都是由乔布斯一个人主持。乔布斯向全世界发布最新的苹果产品，不断向公众传播苹果的核心价值：创新，不断挑战极限。

3.i语言与乔语言。苹果公司划时代的产品族 iMac、iPhone、iPad 等的相继成功，使得 i 语言成为专属于苹果文化的，象征着最先进的电子技术、最尊贵的用户体验、最有品位设计的专有名词，甚至成为这个时代的特色用语之一。从此反映出苹果走在时代最尖端的电子技术，以及苹果人追求完美、极致、首创的信念。

　　另一方面，具有杰出公众演讲才能的前CEO乔布斯的一些公开讲话，如"创新，这就是我们做的事情"，"这是全世界最好的电脑"，"我们拥有最棒的两千五百万消费者"等等，塑造了苹果重视技术创新和自信、张扬的公众形象，也成为全球乔布斯"粉丝"的座右铭。

价值

　　苹果的企业价值可以概括为"任用最好的员工，制造最好的产品，提供最好的产品体验"。这可以从苹果的人力资源管理制度中找到佐证。苹果的人力资源管理部门的工作目标陈述如下："为公司提供杰出的人才，确保给他们持续的职业晋升空间。每个员工当在任何时候、任何工作中，为争取最高品质的表现而拼搏。"为实现这一目标，苹果制订了相应的招募计划、合伙人机制、员工培训项目、绩效评估办法、奖惩机制，处处体现着苹果公司的核心价值：客户体验、竞争、平等、自由，不拘泥于成见，不受组织层级制约。

不成文的假设

　　通过研究，我们可以总结出：苹果是一个爱好风险，不拘泥于成见，并且有强烈个人集权倾向的公司。

　　爱好风险、不拘泥于成见、个人集权的倾向明显体现在自1997年乔布斯带领苹果走出困境、登上行业顶端的过程中，所采取的一系列市场竞争策略中。乔布斯首先与头号强敌微软签订合约，使微软的IE浏览器和Office软件成为苹果Mac OS的官方软件。这让许多员工大惑不解，乔布斯的解释是："假如无法打倒他们，就与他们合作。"在乔布斯的眼里，微软并非威胁，而是一个机会。

　　另外是乔布斯对于"苹果店"的战略设想：一方面，让苹果专卖店开遍全美、全球；另一方面，建立"店里面的店"，即在线APP Store，应用程序、音乐、电子书等可从这里直接下载到用户的 iPhone、iPod Touch、iPad 里。这种大规模的、全球化的线上与线下互相呼应的"开店"战略，从未在人类历史上存在过，在最初并不能得到所有人的赞同，所以战略的实施很大程度上依赖于乔布斯基于直觉和经验的判断，以及个人独裁的管理模式。

（本文摘编自《苹果公司的企业文化研究》，作者：刘亭亭，来源：中国集体经济杂志社，2012.1）

链接 2

迪斯尼公司的企业文化

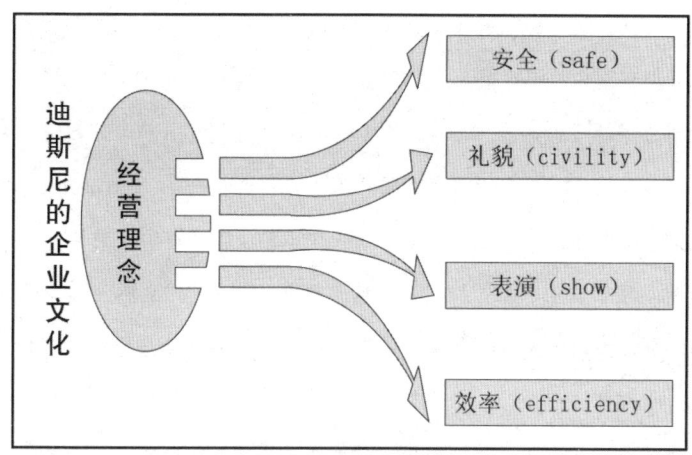

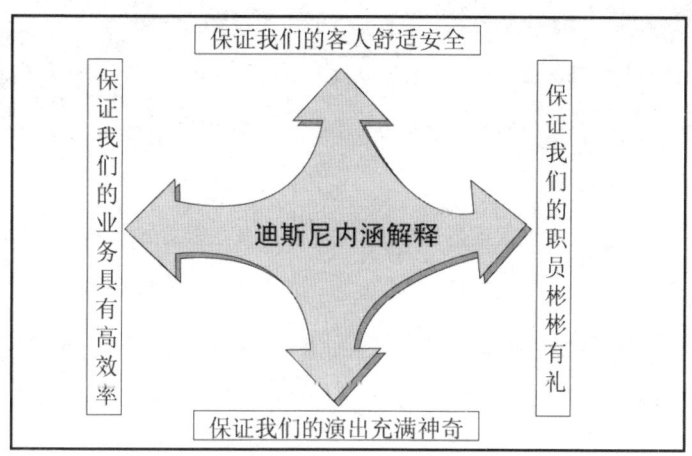

文化具有永久的传承性。文化在人们的意识中一旦占领了重要的位置，创造这种文化的产业，也便具有了永久的生命力。迪士尼的文化是80多年来迪士尼屹立不倒的一个重要因素。

1923年，迪士尼之父沃尔特·迪士尼（Walt Disney）以3200美元起家，注册成立了"迪斯尼兄弟动画制作公司"。1928年，一个天才创意的灵感——一只活泼可爱的小老鼠，在沃尔特的头脑中萌发，并且拥有一个响亮的名字"Mickey Mouse"（米奇老鼠）。从此，这个小老鼠把迪士尼式的童话、梦幻和欢乐播撒到全球的每一个角落。

面对激烈的市场竞争，迪斯尼却经久不衰，迪士尼乐园执主题公园之牛耳，到迪士尼参观的人有70％会再度光临。"It all started with a mouse！"（所有的一切都是源于一只老鼠）是沃尔特·迪士尼生前常说的一句话，一只老鼠的确造就了整个迪士尼王国！五光十色的迪士尼世界，以及各种充满奇异想象的游戏和各个为人们所耳熟能详的卡通形象，让迪士尼乐园增添了快乐的氛围。只要能走进迪士尼乐园，人们都能在这里寻找到属于自己童年时代的梦想，或者回到童年生活无忧无虑的环境中。人们对于迪士尼的向往，实际上是一种对于欢乐的向往。而迪士尼的文化，也正迎合了这样的一个需求，迪士尼开创了一种以迪士尼卡通为核心的童话世界的文化方式。这种文化的目的在于给大众以梦想，唤起人们心底固有的童趣与纯真，通过征服观众形成稳定永久的卖方市场，尤其是通过形成一种影响美国乃至世界的文化，来永久地占领迪士尼的观众。这种文化在美国本土甚至在全世界已经形成了自己制胜的根基，建设了使自身不断发展壮大的有生命力的文化。

创造欢乐是迪士尼的梦想和成功之道。新加入迪士尼的员工在"第一号传统"课上，将观看长达1小时的录像——《你创造欢乐》，以了解迪士尼的文化真谛。

成为迪士尼正式的一分子后，员工仍然要接受各类型的训练，配合工作的需要。员工亦可参与相助式训练（Cross-utilization Training），由受过训练的员工，指导新加入的同事，一方面可令员工实习表达能力，另一方面可更深入了解公司文化。

在迪士尼大学的课本中，员工可以读到这样的训练语言："在迪士尼，我们可能会工作劳累，但是从来都不会厌倦。即使在最辛苦的日子里，我们也要表现高兴，要露出发自内心的真诚微笑。"

迪士尼的企业文化形成了迪士尼与众不同的独特魅力，产生于神奇的神话故事土壤，成为迪士尼获得众人喜爱的坚实基础和保障。

沃尔特·迪士尼公司有70％的利润来源于4个迪士尼乐园。迪士尼公司的精髓在迪士尼乐园得到了充分体现。迪士尼主题公园不管坐落在世界的哪个地方，有一个简称SCSE的经营理念始终不变，即安全（safe）、礼貌（civility）、表演（show）、效率（efficiency）。迪士尼将其内涵解释为：保证我们的客人舒适安全；保证我们的职员彬彬有礼；保证我们的演出充满神奇；保证我们的业务具有高效率。

如果只是为了利润，为了国际大奖，即使迪士尼获得成功也会缺乏持久力。因为任何一时的功利和索取都背离人们的内心诉求，不符合企业发展的长远利益。

（本文摘编自《风靡世界的迪斯尼》，作者：李光斗，来源：网易商业报道）

第二章

企业使命

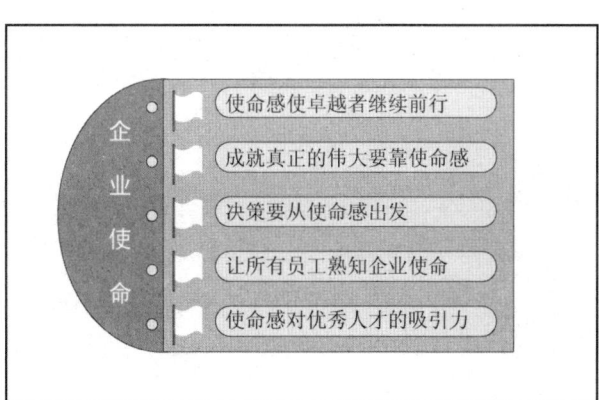

- 使命感使卓越者继续前行
- 成就真正的伟大要靠使命感
- 决策要从使命感出发
- 让所有员工熟知企业使命
- 使命感对优秀人才的吸引力

企业使命

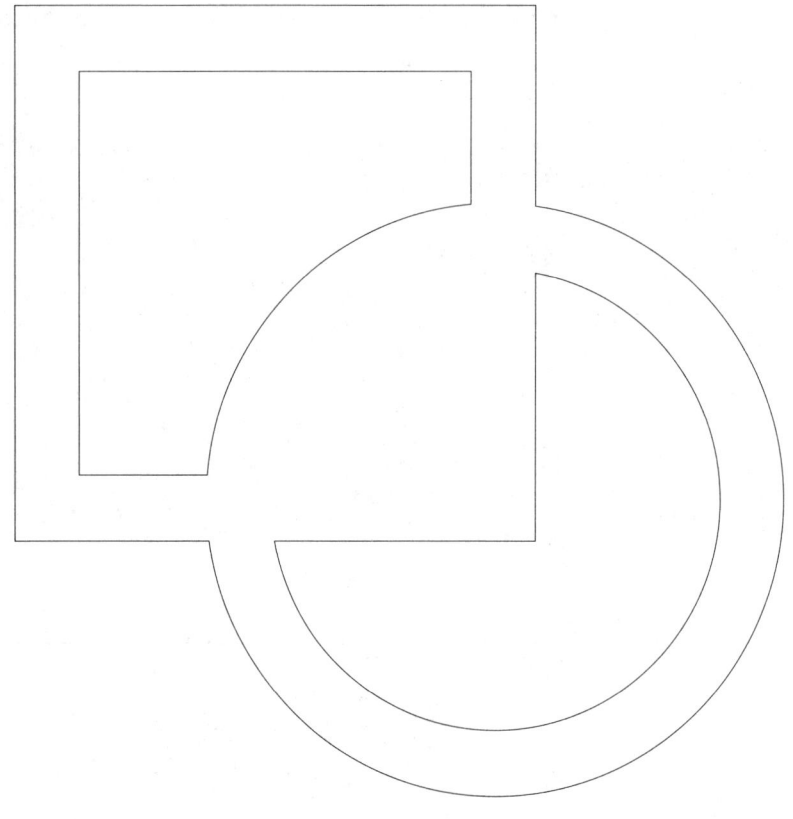

ALIBABA

优秀的企业，都是通过确立共同使命，让员工认同并接受自己的企业文化，然后将各种力量综合到一起，促进企业不断发展壮大。世界上任何团队要想聚集起更多的成员，要想更长久地生存，都需要设立足以担当此任的团队使命和目标。一个企业，绝对不能仅仅以赚钱为唯一目标而存在。

使命是团队的灵魂。没有使命，团队就没有未来；没有使命，团队就不会有持久的、旺盛的生命力。

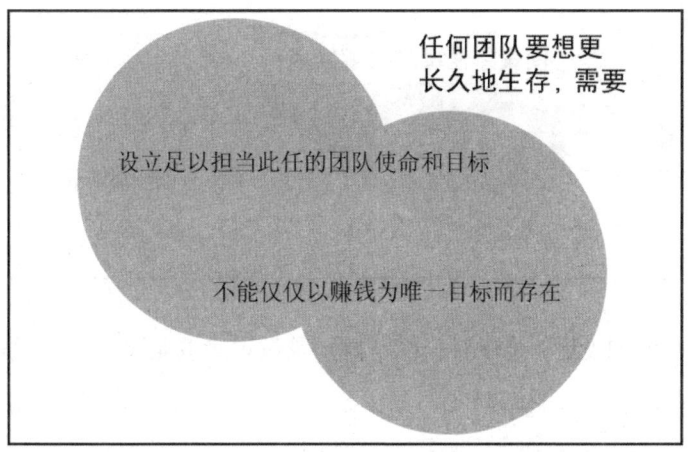

任何团队要想更长久地生存，需要

设立足以担当此任的团队使命和目标

不能仅仅以赚钱为唯一目标而存在

哈佛商学院的克里斯托弗·巴特利特（Christopher Bartlett）在与同事研究实施转型的公司时发现，一些公司遇到的最大障碍是没有充分利用逐渐疲惫的员工。巴特利特说："人们工作不是为了争夺第一或第二，或者从资产中得到20%的净回报，他们希望有使命感。他们工作，是为了让自己的生活有意义。"

"阿里巴巴的使命是'让天下没有难做的生意'，那换句话说，在天下生意'难做'的时候，就是体现我们价值的时候。"阿里巴巴B2B前总裁卫哲就在"生意难做"的经济环境下，就阿里巴巴的使命做了这样的解读。

使命感使卓越者继续前行

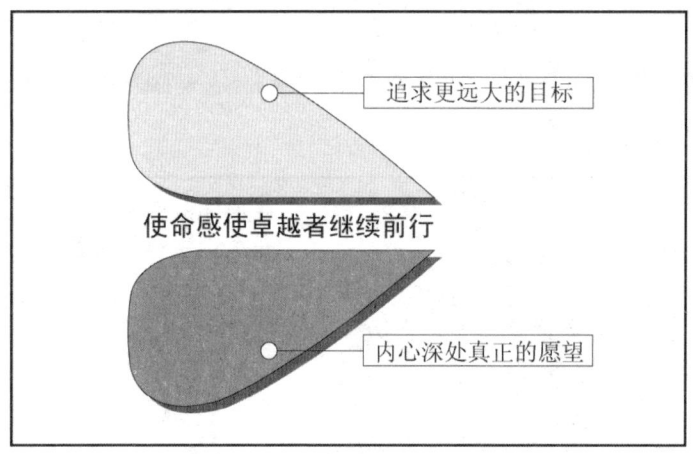

追求更远大的目标

使命感使卓越者继续前行

内心深处真正的愿望

阿里巴巴至今保存着一段录像，录像记录的是 1999 年阿里巴巴刚成立时，在杭州湖畔花园马云家，马云的妻子、同事、学生、朋友共 18 个人围着马云，听他慷慨陈词：

从现在起，我们要做一件伟大的事情。我们的 B2B 将为互联网服务模式带来一次革命！

随后，阿里巴巴确立了"让天下没有难做的生意"的使命。阿里巴巴生长在私营小企业发达的浙江，马云深谙周围中小企业的困境和他们的需要。除此之外，阿里巴巴现实的考虑是亚洲和全球最大的出口供应基地。中小型供应商密集，但众多的中小型出口商由于渠道不畅，被大贸易公司控制，而只要这些小公司上了阿里巴巴的网就可以被带到美洲、欧洲。

阿里巴巴公司相信，将互联网的力量与开放公平的全球贸易环境相结合，能够创造草根阶层的经济机会。

阿里巴巴使命感的进一步增强与明确，缘于马云与克林顿的一次相遇。马云回忆道："（2002年）我去美国纽约参加大会，克林顿夫妇讲了一个关于使命的道理，也让我心里一下子豁然开朗。克林顿讲，美国在军事、经济方面在全世界是一流的，美国的总统也是一流的，没有可以模仿的人。美国到底应该怎么走，可以模仿谁？是使命引导美国向前走。中国的很多互联网公司可以模仿雅虎、Aol、亚马逊、eBay，阿里巴巴模仿谁？我们只能跟着使命感走。"

使命感一直在驱使着阿里巴巴的发展。马云表示，企业做第二、第三很简单，因为有模仿的对象，而阿里巴巴的模式却没有可以模仿的先例。不知道下一步怎么做产品，要不要做这个产品，要把公司领向哪里，没有指导，没有效仿的对象。这时候就是使命感在驱使着阿里巴巴的发展。阿里巴巴的使命就是让天下没有难做的生意。阿里巴巴的一切行动围绕使命感，为使命服务。

马云曾思考：什么是驱使那些伟大企业继续发展的动力呢？马云回忆道："2003年，我们阿里巴巴在B2B领域发展已经是很好了。怎么走下去，我很迷茫。当你站在第一的位置上，往往不知道该往哪里走，因为第二、第三可以跟着第一走，但是第一没有参照。那时我凭什么作出一系列决定？就是凭着使命感。"

"爱迪生企业的使命是什么？让全世界亮起来，从企业CEO到门卫，大家都知道要将自己的灯泡做亮、做好，结果现在'打遍天下无敌手'。我们再看另外一家公司——迪斯尼。迪斯尼公司的使命是 Make the world happy（让世界快乐起来），所以迪斯尼所有东西都是令人开开心心的，拍的戏也都是喜剧，招的人也全是快乐的人。"

同样，使命感驱使着已成为世界最大的 B2B 网站的阿里巴巴继续前行。

2006 年 9 月 9 日下午，在首届中国网商节期间，对自己的未来踌躇满志的马云首次向外界宣布了自己的规划远景。未来的阿里巴巴将是什么样子的？马云宣称："什么都不会改变我们，不会改变我们的使命感，让天下没有难做的生意，也不会改变我们的目标成为世界十大网站之一，只要商人拥有我们，我们就能持续发展，这些目标保持 102 年，不会改变。"

2014 年 9 月 9 日，马云向投资者发布了一封公开信。信中马云表示，阿里巴巴的主张很简单："我们希望通过互联网技术解决小企业面临的问题，帮助它们发展。我们为小企业服务。自 1999 年创办以来，我们已经向数百万家小企业提供了帮助，我们希望向小企业提供至少 102 年帮助，公司的'寿命'将横跨至少 3 个世纪。"

"阿里巴巴的使命使得我们不可能成为一家王朝式的企业。我们相信，只有创建一个开放的、繁荣的协作性生态链，使参与者完全参与进来，我们才能真正帮助到小企业和消费者客户。作为这个生态链的管理者，我们将把重点、精力、时间用于对生态链及其参与者更有利的事务方面。只有我们的客户和商业合作伙伴获得成功，我们才能成功。"

成就真正的伟大要靠使命感

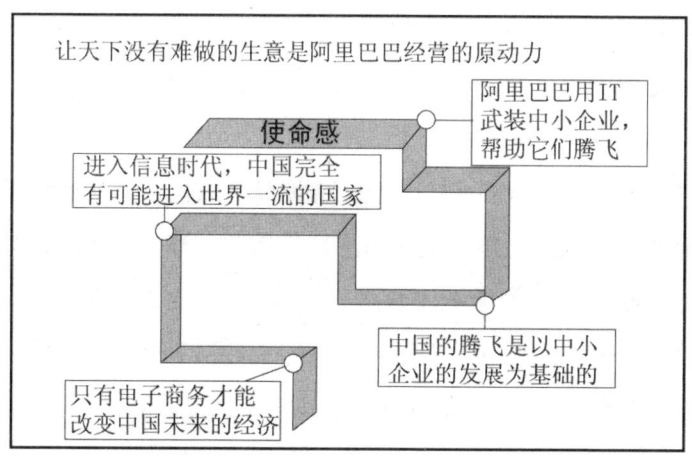

企业使命感，是由企业所肩负的使命而产生的一种经营原动力。使命感源于对一种使命的坚持，是因坚持使命、履行使命而产生的精神动力。使命也就是做事情最深层次的目的。使命给了人们做事情的方向与动力，确定使命之后，要建立一种使命感，使公司决策、经营战略等都围绕着使命展开。这样的公司将会成就真正的伟大。而如果迷失了方向，企业就会在毫无作为中耗尽自己的精力，走上一条不归之路。

一个有效的使命反映了企业对公司事业的重视程度，决定了他们的动机，而不仅仅是对利润目标的描述和对顾客目标的分析。使命会使一家平凡的企业做出不平凡的事业，成就真正的伟大。阿里巴巴确立的使命"让天下没有难做的生意"，使阿里巴巴超越了对利润的追求，更深入地寻求了企业存在的意义。可以说，在赚钱与创造社会价值之间做出选择时，阿里巴巴选择了后者，这将使阿里巴巴成为一个真正伟大的公司。

马云说道："一般做企业的人分为三类：生意人、商人、企业家。生意人所有赚钱的生意都做，商人是有所为有所不为，企业家是影响这个社会，创造价值。阿里巴巴已经过了生意人和商人的阶段，我们对赚钱的兴趣并不大。我们想能做些什么影响这个社会，创造价值。这是我们希望的。"

马云强调，使命感使一个企业成就真正的伟大，获得真正的社会的尊重。中国企业很少说使命感、价值观、理想、共同目标，而国外企业讲得最多的就是使命感和价值观。90%的《财富》500强CEO都有很强的使命感。"你有很强的使命感，你就有冲劲和狂热。一个企业为什么而生存？使命！……这一点我很自信。"

决策要从使命感出发

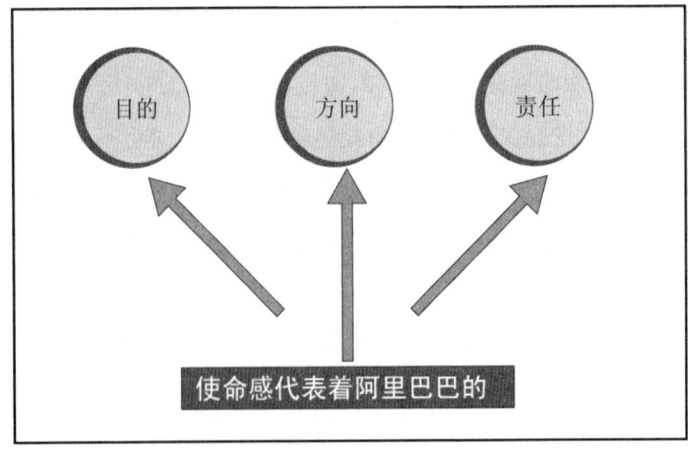

被誉为"世界第一 CEO"的韦尔奇在其自传《赢》中这样记述道：
"在（通用电气）公司大大小小的会议上，我们持续不断地重申有关
企业使命的问题。每个决策或项目都要同使命感挂钩。我们公开地
奖赏那些表现出使命感的人，请走那些由于各种原因不能认同企业
使命的人（通常，不认同的情况都表现为对老业务模式的怀念）。"

使命感的确立使阿里巴巴明确了企业应依据什么样的理由来开
展各种经营活动，它构成阿里巴巴企业理念识别中最基本的出发点，
代表着阿里巴巴的目的、方向、责任，成为阿里巴巴企业行动的原
动力。马云说道：

我们阿里巴巴的使命是："让天下没有难做的生意。"我们做任
何事情都是围绕这个目标，任何违背这个使命感的事情我们都不要
做。所以有人会很奇怪地问我们："你们凭什么做出这样一个决定
啊？"我说："凭我们的使命感。"我们推出一个产品，首先要考虑
的是这个产品是否有利于生意。

阿里巴巴的很多决策都从自己的使命感出发而非仅考虑利润。
从自己的使命感出发，阿里巴巴放弃了很多赚钱模式，马云谈道："我
们曾经有一些思考。第一个是短信。我进入门户站点看了一下，我
觉得这里面欺诈的东西太大了。第二个赚钱的模式就是游戏。2002
年如果把所有资金都押在游戏上过一两年就可以赚钱。但是 2002 年
有一件事儿让我猛然惊醒。有一个亲戚跟我说晚上和太太玩游戏到
夜里三点钟；我又看见儿子天天回来跟我讲游戏。如果发现所有孩
子都在玩游戏的时候，一个国家会怎么样？所以我说阿里巴巴钱再

多，也不投游戏。我们有我们的想法，我们就不做，所以至今为止我们没有一分钱做游戏。别人做我不管，但是我不做。"

阿里巴巴提出的使命是"让天下没有难做的生意"，这让阿里巴巴彻底地改变。刚开始创业的一段时间里，阿里巴巴曾经犹豫，为了今后的利益，是不是把模式搞得复杂一些，因为"今天搞得复杂一点，以后做简单一些就可以收钱了"。然而在阿里巴巴的一次公司高层会议上，一位高管提出：阿里巴巴的使命是让天下没有难做的生意，现在这样是让生意越做越难。阿里巴巴众人立即接受了这个意见。

为了让商人更轻松地做生意，在阿里巴巴的每一款新产品推向市场之前，马云都是该产品的"第一测试员"。他一再坚持，"只要我马云不会用，社会上 80% 的人就不会使用。"如果"第一测试员"这关过不了，那些神通广大的工程师们都得返工重新做。

阿里巴巴在做每一个决定之前，都会考虑到怎样去做才会使客户的利益更大化。马云说道："我们提出'让天下没有难做的生意'以后，我们就把这个作为阿里巴巴推出任何服务和产品的唯一标准。我们以前曾经说最少推出一个免费的产品，我们的工程师和产品设计师、销售师马上想到免费搞得复杂一点，将来收费搞得简单一点就可以了。所以我们的产品就越做越复杂。后来问我们的使命是什么，我们全体员工就说是'让天下没有难做的生意'，那为什么把产品搞得那么复杂？一下就醒了，我们就把产品做得非常简单。让客户越来越简单，把麻烦留给我们自己，这就是使命感的驱动。"

2005 年，时任阿里巴巴人力资源总监的郑璐在一次演讲中说道："目前阿里巴巴要推出一项服务，我们首先要问问自己，这件事情能否帮助我们的商人，让我们的商人做生意简单一点，规避一点风险。我们首先会问这个问题，如果不是，对不起，这个项目我们不会做。一个公司做事情前提就是要自己赢利。杭州的房地产是全国热门的，可能 5000 元 / 平方米见不到了。如果当年阿里巴巴投资在房地产上面，可能也会有很好的赢利，但那不是我们想要的，因为这跟我们的使命——让天下没有难做的生意——差得太远了。尽管它有很好的赢利，但是这不在我们的考虑范围以内。所以我们每做一件事情都会想想是否朝我们的目标更近一步。"

从自己的使命感出发，阿里巴巴做了许多没有人做过的事。例如建立支付宝。当初对于中国的电子商务，全世界都在说"不"，电子商务缺乏网上支付体系怎么可以？面临的困难也许是有些企业不去奋斗的借口，也许是有些企业竭力去做的理由。阿里巴巴选择了后者。缺乏支付体系没有让阿里巴巴消除在电子商务领域发展的雄心，而是激起了阿里人的斗志。等待是一种选择，可是如果自己不做，跨国银行会全面抢占中国支付市场；随着国家经济发展，生意的大部分都会在网络上进行，那时，资本的流向却需要走跨国公司的银行和支付体系，这是国家最大的灾难。作为企业家抱怨是没有用的，没有就去创造一个。阿里巴巴不愿放弃自己的使命，而是迎难而上，决心做自己的支付体系。

2007 年阿里巴巴第一次上市前夕，马云重申，希望通过上市，让客户，即网商富起来，这也是阿里巴巴的使命之一。

阿里巴巴招股说明书显示，阿里巴巴计划拿出筹集资金的 60% 用于收购和发展 B2B 业务，为那些从事"中国制造"、利润微薄、没有实力进行海外营销的中小企业提供更低成本和更高效率的对外贸易平台。

"让天下没有难做的生意"的使命感，使阿里巴巴受到了众多客户的尊重。因为阿里巴巴这个平台，不仅解决了众多中小企业的问题，也为社会创造了很多的就业机会。

让所有员工熟知企业使命

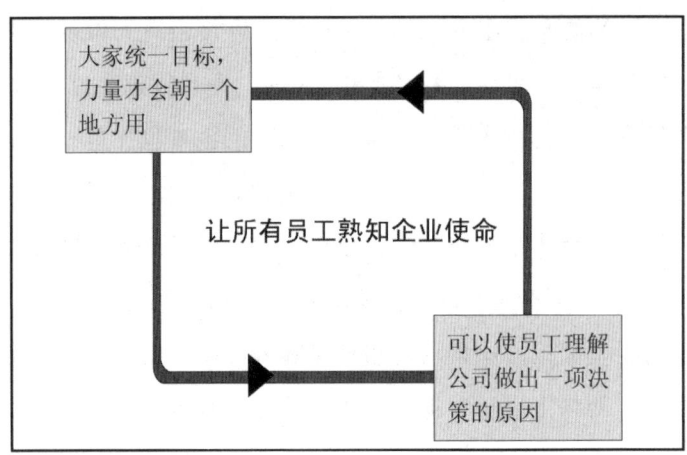

使命感只有被全体员工接受和认可才能够产生作用，通用电气前CEO韦尔奇深刻地认识到了这一点。因此,他通过各种方式将"成为世界上最富有竞争力的企业"这一使命传达给通用电气公司的全体员工；他在每一个公开场合都会反复强调这一使命，并且通过"数一数二"战略来强化员工对使命感的认识，还将每项业务中的重要决策都与使命感相挂钩。

韦尔奇在其著作中这样记述道："以GE的使命感为例。从1981

年到 1995 年，我们提出，自己的目标是成为'世界上最有竞争力的企业'，让公司的每个业务领域都能在市场上占据第一名或第二名的位置，任何不能达到该要求的业务都必须整改、出售或关闭。毫无疑问，这样的使命感具有非常清晰的含义，非常具体，表述准确，没有任何抽象的东西在其中。同时，这个使命又是壮志凌云的，它表明了 GE 征服全球市场的雄心。"

"这样的使命感以一连串不同的方式进入了我们的生活。首先，在当时的环境下，人们还习惯于把公司的商业战略封存在总部的信封中，而关于它的任何信息都来自于公司上下的流言。但我们却决定，要公开讨论哪些业务已经进入市场头一二名的位置，哪些业务必须迅速补救，甚至放弃。如此坦诚的态度使整个公司大为震惊，然而，把公司的使命真实地呈现给全体员工却带来了良好的效应。在某些产业被出售的时候，尽管许多人可能并不喜欢，但他们至少明白了其中的道理。"

阿里巴巴同样非常重视对企业使命的宣传、推广。马云谈道："我相信在中国的企业里面，明确你的目标以后，你必须让每一个员工，甚至门口的保安、阿姨都明白你的使命感才行。驾马车方向都不一样，怎么弄？"马云说道："生意人一切以钱为主，什么赚钱做什么；商人是有所为，而有所不为；企业家是去改变社会，赚钱是他的一个结果，不是他的目的。很多生意人就是想把赚钱作为目的，永远也做不大。我们讲使命感、价值观和共同目标，我们的客户非常认同。我问客户，'你们有目标吗？''有。我们要赚 100 万元。''你的员工知道这个目标吗？''不知道。'那你去问问我们任何一个员工阿里巴巴的目标是什么，每一个人都知道。大家统一目标，力量才会朝一个地方用。"

使命感对优秀人才的吸引力

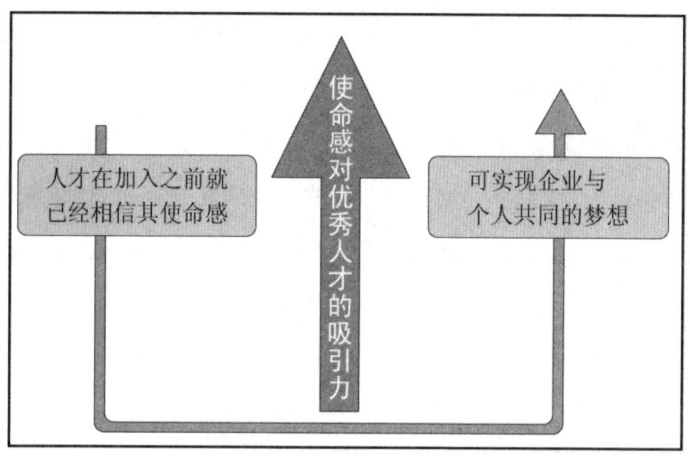

企业越大，员工来自不同的背景的可能性就越大。随着时间的推移，一个企业的价值观以及这个企业的目标就变得越来越重要了，特别是对于那些最优秀的人们，这种趋势在未来会进一步发展。总之，如果人们相信他们所做的事情是值得的，如果他们相信能够通过自己在企业中的工作完成一些他们值得花费时间和精力去做的事情——即一些他们独自无法做成的事情，那么他们就会更有动力。从理想的角度来说，一个企业的使命感应该是这样一种东西——人们甚至在加入这个企业之前就已经相信它了，不管这个愿景是去寻找治疗癌症的方法，是制造绝妙的汽车，经营令人激动的名流服装店，还是出版一份精美的日报。

阿里巴巴的使命感对人才的吸引力是巨大的。从阿里巴巴一成立，就有着明确的发展方向：为全世界的商人建立一个全球最大的网上商业机会信息交流站点，为中国、亚洲乃至全世界的中小企业服务！

出生于中国台湾、在美国接受教育的蔡崇信于 1999 年加入阿里巴巴。蔡崇信拥有很强的法律和财务背景，拥有耶鲁大学经济学及东亚研究学士学位和耶鲁法学院法学博士学位。加入阿里巴巴集团前，蔡崇信曾于 1990 年至 1993 年以纽约 Sullivan & Cromwell 合伙人身份从事税务法律业务；1994 年至 1995 年，曾任纽约外购管理公司副总裁及法律顾问；1995 年至 1999 年出任北欧地区最大工业控股公司 InvestAB 附属公司 Investor Asia Limited 副总裁及高级投资经理，专责该公司亚洲私募基金。

1999 年，在瑞典投资公司 InvestAB 的香港公司供职的蔡崇信从香港飞到杭州，代表 InvestAB 公司来大陆寻找风险投资项目。

双方的第一次会面，阿里巴巴条件的简陋与阿里人的激情给他留下了深刻的印象。不久，以考察项目为由，蔡崇信第二次来到杭州。这次，蔡崇信几乎不跟马云谈融资、投资的问题，而是一直在围绕着马云在北京、杭州带着团队打天下的故事。蔡崇信对阿里巴巴的一切表现出不同寻常的兴趣。随后，蔡崇信赶回香港辞掉在 InvestAB 的工作和职位，正式加盟阿里巴巴。

蔡崇信解释："这里有一些做事情的人，他们在做一件我觉得有意思的事情，所以我就决定来了。如此而已。"

不仅如此，更多"顶尖高手"纷纷涌向阿里巴巴。他们在加入阿里巴巴之前都已身价不菲，却放弃一切优厚待遇，加盟阿里巴巴。

曾在中国雅虎任职，后来加入阿里巴巴的吴炯回忆说："2000 年

5 月第一次回国，我顺道去看马云，发现马云的创业团队都挤在马云自己的房子里。所有参与创业的人都掏钱出来放到公司，每个月就拿基本生活费，而且没日没夜在干。这种使命感比雅虎当年有过之而无不及，所以我决定加入了。"

最年轻的五百强 CEO 卫哲在加入阿里巴巴时谈道："我觉得以前加在我身上的各种光环没什么值得骄傲。最年轻的五百强 CEO 是别人看得起你，让你做 CEO。但加盟阿里巴巴，则意味着我们一起创办一个企业，不仅是五百强，而是要把它做到在全世界范围内的这个领域的第一位、第二位。而在我有生之年，在别的行业中国企业不具备这个条件，但在互联网、在电子商务领域却完全有可能。"

对于这些人才不计条件的加入，马云解释道："因为我们都有梦想，他们也有梦想，我们想通过阿里巴巴实现共同的梦想。"

阿里巴巴的待遇在业内算不上很高，但优秀的人才似乎对加入阿里巴巴乐此不疲，吸引他们的正是阿里巴巴的使命感。马云认为，真正优秀的人不是为钱而来的，真正有出息的人是创造钱的，没有出息的人是花钱去的。

正是因为阿里巴巴的企业使命感让众多的人才不计较所得，将自己视为企业的一部分，为企业目标的实现甘于奉献。

第三章
企业价值观

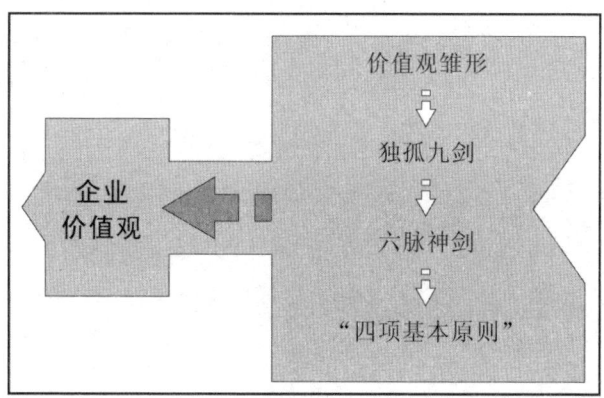

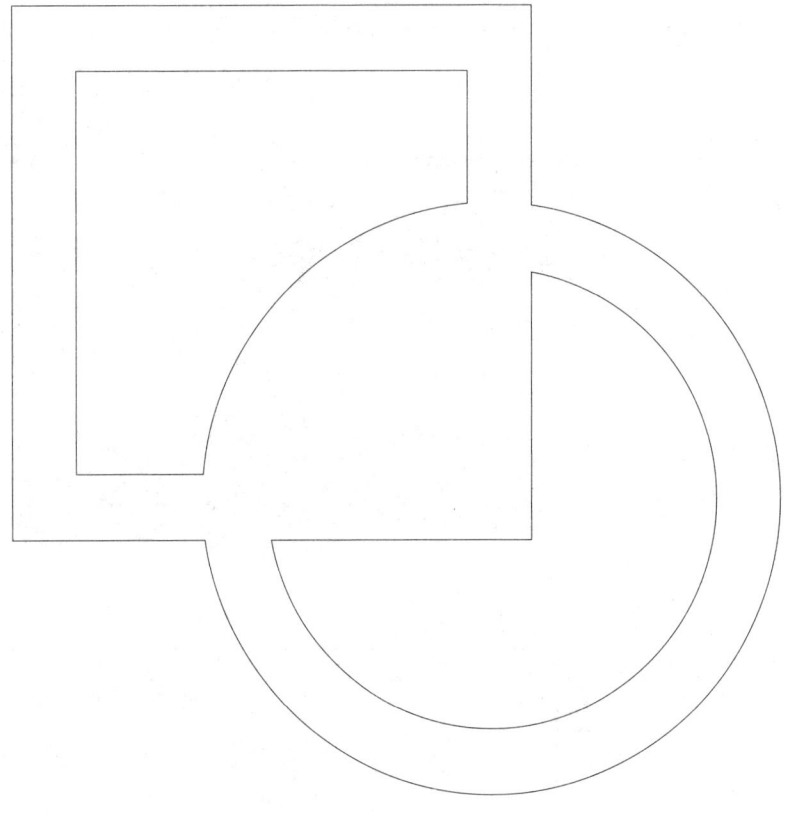

ALIBABA

被称为"世界第一 CEO"的杰克·韦尔奇说道:"使命感指引人们向何处前进,价值观则是引领人们到达目的地的行动准则。"

企业的价值体系就是指企业在经营过程中坚持不懈、努力使全体员工都必须信奉的信条。企业的价值体系是企业哲学的重要组成部分,它是解决企业在发展中如何处理内外矛盾的一系列准则。企业的价值体系是一个企业本质的和持久的一整套原则。它既不能被混淆于特定企业文化或经营实务,也不可以向企业的财务收益和短期目标妥协。

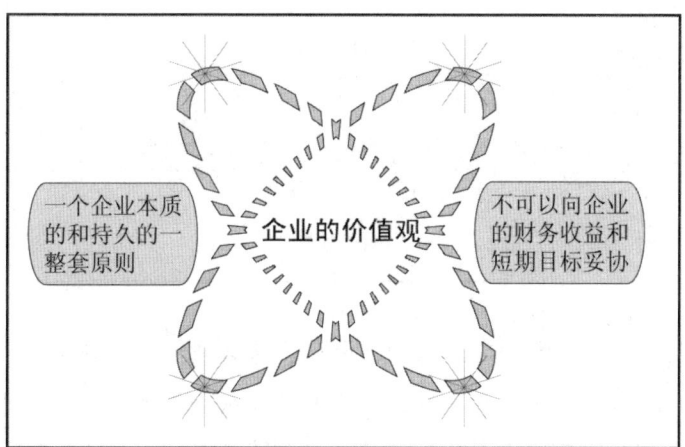

企业应在发展过程中,逐步建立起自己的企业信念、核心价值观。一个成熟的企业会有自己成熟的价值观,阿里巴巴正是这样一家优秀的企业。

阿里巴巴在过去的几年间员工人数迅速膨胀,截至 2014 年已近 20400 人,"当站在杭州体育馆的舞台上,面对着下面黑压压的人头,难道不心慌?"马云说,当大家都拥有同一个价值观和使命感时,一万人和一个人没什么区别。

使命感是阿里巴巴前进的动力,价值观是阿里巴巴前进的保证。可以说是阿里巴巴的价值体系保障了阿里巴巴的规模扩大、队伍人数增多后团队的凝聚力。

价值观雏形

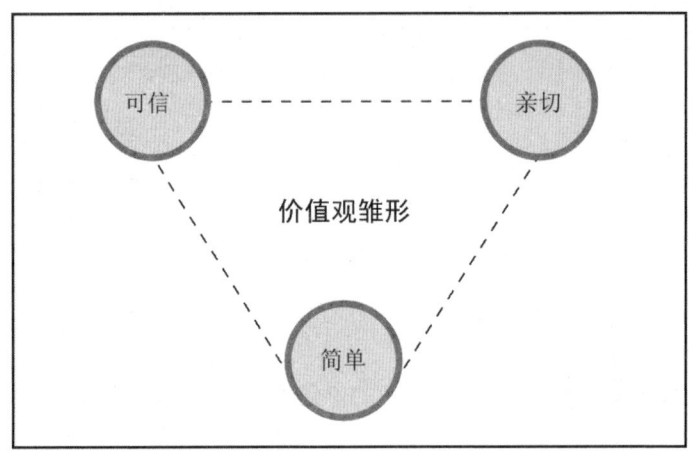

价值观雏形

  企业文化的产生与其最初的创业团队有着很大的联系。例如华为公司的企业文化与其创始人任正非有着很大的关系。任正非是军人出身，具有战斗意识。华为企业的文化用一个字来说明，那就是"狼"，狼的文化，狼的嗅觉。任正非说狼有 3 个特性：①狼嗜血，什么地方一有血腥味很快就闻到了。这就是：华为是一家企业，要随时对商机非常敏感，任何地方有利益、有商机，要像狼闻到血一样，马上能够敏锐地感受得到。②寒天大雪狼也出动，狼不避风雨，不怕寒冷，即使环境再恶劣也要活下去。③最重要的是狼有成群出动的特性。中国人说虎狼成群，这个话的意思就是狼一出动就是一群出动；狼打团体战，从来不单兵出击。

  阿里巴巴最初的企业文化与阿里巴巴最初的创立者——"十八

罗汉"有着密切的关系。

1999 年年底阿里巴巴开了一个创始人大会，会上提出"可信、亲切、简单"的口号。它成为阿里巴巴人的行为准则和价值观雏形。马云回忆道："阿里巴巴创业的时候，18 个人，在杭州湖畔花园，尽量地吵，尽量地闹。有时候吵架也是一种缘分，闹更是一种缘分。我们是一个 team（团队），大家互相开放，互相沟通。这是很大的缘分。"

然而，这些争论有时非常激烈，有时相当情绪化。事后马云说："湖畔花园那段时间，我们争论的东西太多了。有的时候争论过了头，个人情绪化的问题都爆发了出来。所以我们提出了一个价值观叫做：简易。要非常简单。"

马云提倡在同事之间、团队之间开诚布公，有话直说；提倡面对面解决问题，用男人的方式解决问题：不搞阴谋，不搞小动作，不搞背后串联，不搞拉帮结派，不搞小集团、小宗派、小山头；并且在说话时要有所顾忌，要客观、冷静，不要情绪化，不要感情用事，归根结底不要伤害同事。

"可信、亲切、简单"价值观的提出和确立，对于阿里巴巴团队建设至关重要。它使阿里巴巴基本杜绝了"办公室政治"，大大减少了交流沟通成本，减少了内耗，大大增强了团队的凝聚力和战斗力。

"独孤九剑"

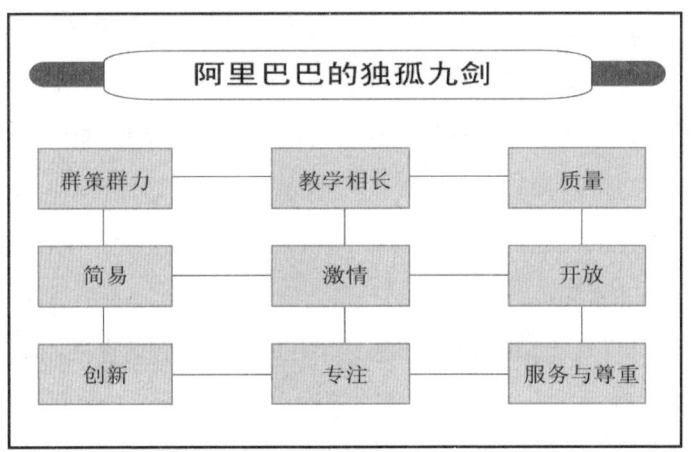

所有的企业都需要建立一套完整的价值体系作为企业决策与行动的前提。继蔡崇信、吴炯之后，阿里巴巴吸引了更多高素质人才的加盟。2001年，在 GE 工作了 16 年的关明生加入阿里巴巴，就任首席运营官。（注：关明生 2001 年加入阿里巴巴，2004 年离职，为阿里巴巴资深顾问。）而关明生对阿里巴巴推出"独孤九剑"的价值观体系起到了重要的作用。马云谈到了总结阿里巴巴价值观的起因："2000 年我们在美国硅谷、在伦敦、在香港发展很快，我自己觉得管理起来力不从心。硅谷同事觉得技术是最应该注重的。当时硅谷是互联网的顶峰，硅谷说的一定是对的。美国跨国公司 500 强企业的副总裁坐在香港，他们认为应该向资本市场发展。当时我们在中国听着也不知道谁对。"

"大家乱的时候我就突然想：公司大了如何管理？当人才多的时候怎么管理？第一届西湖论剑之后我们提出了阿里巴巴处于高度危机状态，我就问我们当时美国公司的副总裁：我们一年不到就成为跨国公司了，员工来自 13 个国家我们该怎么管理？他说马云你放心，有一天我们会好起来的。我心里不踏实，不能说有一天会好起来我们现在就不动了。"

"这时我们的（原）首席运营官是关明生先生，他曾在通用电气公司工作了 16 年。我和他探讨这个问题。他说通用电气成功有个很重要的原因是它的价值观。"

于是，阿里巴巴的高层管理人员开始提炼总结公司的价值观，这让原本只能言传身教的价值观有了清晰的表述，也让阿里巴巴的价值观具备了继续升级的基础。在关明生的建议下，阿里巴巴总结出了九条：群策群力、教学相长、质量、简易、激情、开放、创新、专注、服务与尊重。

关明生表示："阿里巴巴的文化本来存在，我只是帮助把它写下来了。"关明生在一次演讲中说道："我来阿里巴巴是 2001 年 1 月 8 号的事儿，星期一，1 月 6 号跟周灿都从香港坐飞机到杭州去。第二个周末是 1 月 13 号星期六，在家 7 天 .1 月 13 号，我记得很清楚，我跟马云，还有金建杭、彭蕾，他们都是阿里巴巴的创办人之一，马云是首席创办人，我们在我的办公室花一天的时间，就在白板上面讲目标、使命、价值观。很重要，很重要。

"马云很能讲的。我就问马云一句话。我说：我们讲这么久目标、使命、价值观，有没有写下来？我问他一句话，马云一下就停了。5 分钟，马云很少停五分钟都在想，后来他说：'你讲得很对，我们没有写下来，从来没有把我们的目标、使命、价值观写下来。就好像刚才耶鲁大学那个研究，就是都在脑袋里面，没有写下来。'所以我说我们现在得马上写下来了，就拿那个笔，就在这个玻璃板上面写目标。"

马云回忆当时的情景说："关明生进阿里巴巴后问我：'阿里巴巴有价值观没有？'我说：'有啊！'他说：'写下来没有？'我说：'没写过。'他说把它写下来，想想从 1995 年开始是什么让我们这些人活下来？我们总结了 9 条：群策群力、教学相长、质量、简易、激情、开放、创新、专注、服务与尊重。没有这 9 条，我们活不下来。有的公司企业文化是尔虞我诈搞办公室政治。我告诉新来的同事，谁违背这九条，立即走人没有别的话说。只有在这种环境下我们才能拥有良好的工作气氛。"

这是阿里巴巴第一次将自己的价值观明确提出来，马云称之为"独孤九剑"。阿里巴巴 B2B 前总裁卫哲在接受《中欧商业评论》采访时说道："一开始的文化一定是马云的，就是'信任、简单、快乐。'阿里巴巴文化的第二次革命是在关明生加入以后，要感谢他使阿里巴巴从网站化走向了公司化。关明生是一个在通用电气摸爬滚打了 16 年的人，他悟出了通用电气的真髓，因此阿里巴巴核心的文化价值观有很多通用电气的影子。不过如果全部照搬通用电气，那也就没有今天的阿里巴巴了。"

2001 年 10 月在中央电视台《对话》节目中，GE 新任 CEO 杰夫·伊梅尔特听完关明生介绍的阿里巴巴价值观，笑着说："中国市场很有潜力。"GE 的价值观是 GE 保持 109 年不断成长的力量之源，同样，阿里巴巴的价值观是阿里巴巴成功的根本原因。

马云说他几乎一直处于学习状态，而他自己认为他和阿里巴巴公司向西方学到的最好的东西，就是依照美国通用电气公司的价值观体系原理制定出的阿里巴巴的价值观。

"六脉神剑"

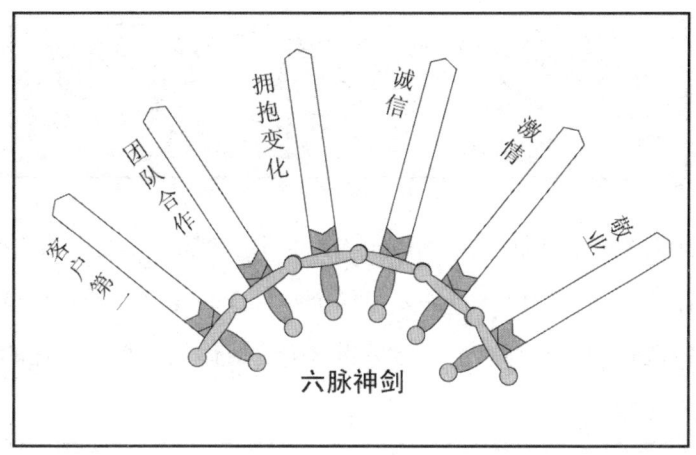

六脉神剑

美国企业文化专家劳伦斯·米勒在《美国企业精神——未来企业经营的八大原则》一书中指出：几乎美国的每个大公司，都在发生企业文化的变化，老的企业文化在衰变，新的企业文化在产生。

英特尔的巴雷特认为，组织文化的成长是分阶段的，一般分诞生期、青春期和成熟期。要克服组织文化在每个阶段的危机，都需要一个文化的转型。这个文化转型可能是来自内部机制的要求，即使是社会形态和工作固定在某一个阶段上，在组织从诞生向青春期到成熟期的成长过程中，组织文化也会经历一系列变革。

英特尔在对旧组织、制度文化实施变革中强调了"冲破旧习惯""变低效为高效""以文化推进经济增长"的策略。

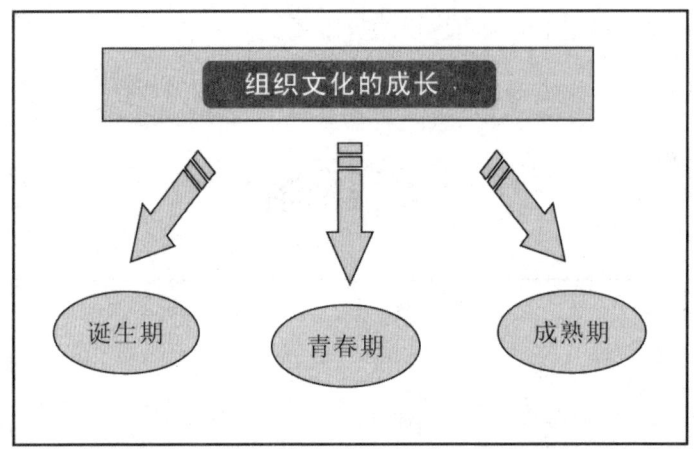

企业文化不是供在祖祠里的牌位，而是指导企业发展的"活的"价值体系。这个价值体系需要根据企业自身的变化和外部环境的变化进行适时的调整与改造，然后用这个价值体系来指导企业的组织与行为变革。

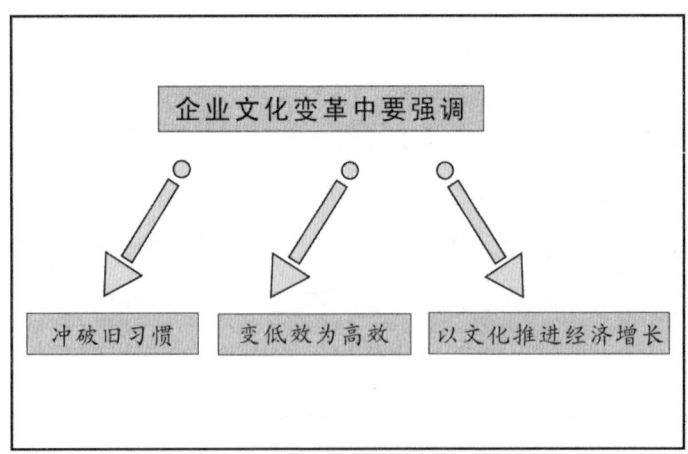

阿里巴巴文化的建设从形成到固化，从口头到文字用了整整两年的时间："独孤九剑"的提出是在 2001 年 2 月。从固化到充实，从复杂到简单，从 9 条到 6 条，又用去了两年时间："六脉神剑"的确定是在 2004 年 8 月。

2004 年 7 月，邓康明来到了阿里巴巴，出任阿里巴巴集团副总裁，负责整个阿里巴巴的人力资源管理。此时，阿里巴巴已经从"十八罗汉"变成了一个 300 多人的跨国公司。将这样一群哈佛、耶鲁的毕业生，和一些杭州师范学院毕业的 20 世纪 80 年代出生的人统一在一个团队中，是一件相当有挑战性的工作。

阿里巴巴正在从几百人变成几千人，甚至未来有可能要扩大到数万人，"独孤九剑"并不便于大面积地推广。要让数千人朗朗上口，在邓康明的提议下，阿里巴巴将"独孤九剑"简单化为六大价值观：客户第一、团队合作、拥抱变化、诚信、激情、敬业。阿里巴巴集团这六个核心价值观，支配公司的一切行为，是阿里巴巴 DNA 的重要部分，被阿里人称之为"六脉神剑"。

从"独孤九剑"到"六脉神剑"，意味着阿里巴巴的价值观逐渐走向规范和标准化，深刻地影响着每一名在不同时刻进入公司的员工。

韦尔奇表示，要对每一项价值观进行细致入微的描述，使它成为所有员工都可以理解并能够遵从的行动指南。阿里巴巴同样做到了这一点。

客户第一

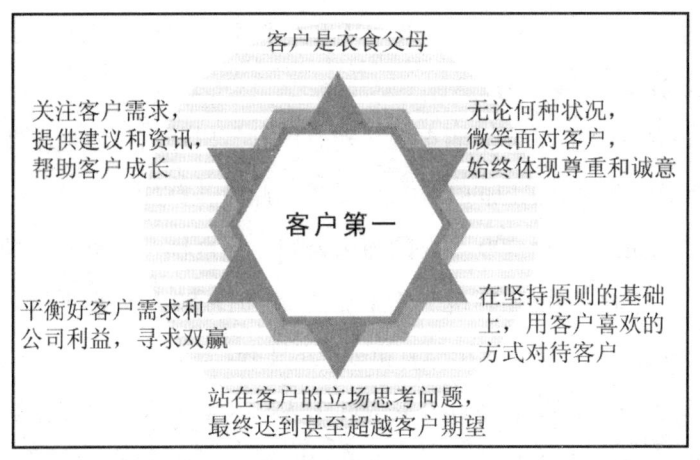

企业的财富源于客户，任何一家企业，离开了客户，都无法生存。如果在经营中不把客户放在第一位，不设法聆听客户心声，不能由员工创造性地满足客户需求，企业能求得生存发展吗？

因此，"客户第一"是阿里巴巴"六脉神剑"的第一支。

它的内容有：客户是衣食父母；无论何种状况，微笑面对客户，始终体现尊重和诚意；在坚持原则的基础上，用客户喜欢的方式对待客户；站在客户的立场思考问题，最终达到甚至超越客户期望；平衡好客户需求和公司利益，寻求双赢；关注客户需求，提供建议和资讯，帮助客户成长。

对于阿里巴巴这样一个服务公司，客户是真正的衣食父母，是决定其生死命运的第一因素。比起客户，股东只能算是娘舅了。

将客户放在第一位，很多企业说是这样说，做却不这样做，而阿里巴巴不但说，还切实地做，并形成了铁的纪律。如果违背这一条，不管他是谁，都得离开这个公司。

"最后赢一定是赢在客户上面。"这是马云的名言。阿里巴巴"客户第一"的实质是帮客户赚钱，帮客户成长，然后才是赚取合理利润。阿里巴巴公司成立了阿里巴巴学院，对客户进行培训，客户不成长，阿里巴巴不会成长。

在阿里巴巴内部有一个广为传播的个案：阿里巴巴有一个业务员将山东一个三线城市的房地产商发展为中国供应商。尽管它给阿里巴巴带来了6位数的收入，但阿里巴巴仍然把钱退给客户，并对员工进行了处理。阿里巴巴B2B前总裁卫哲的分析很有道理："如果按照股东的利益这个钱该收。但是，按照客户利益第一的原则，阿里巴巴这样做就是在欺骗客户！阿里巴巴根本就无法把房子卖到全世界。这显然是业务员夸大了阿里巴巴的能力。"

团队合作

阿里巴巴"六脉神剑"第二支是：团队合作。

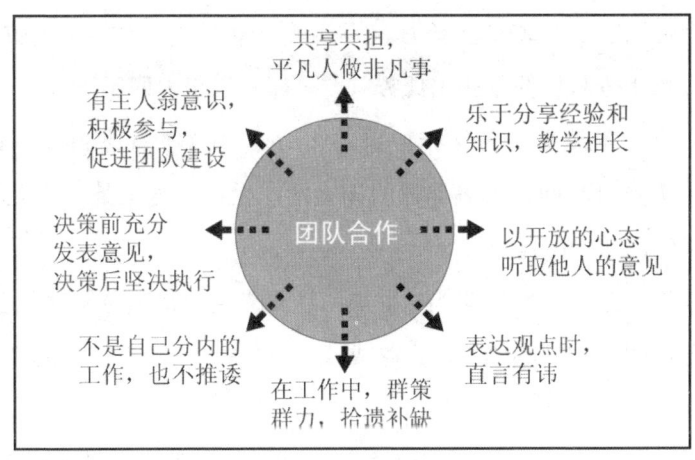

这也是阿里巴巴企业文化中的关键部分。它的内容有：共享共担，平凡人做非凡事；乐于分享经验和知识，教学相长；以开放的心态听取他人的意见；表达观点时，直言有讳；在工作中，群策群力，拾遗补缺；不是自己分内的工作，也不推诿；决策前充分发表意见，决策后坚决执行；有主人翁意识，积极参与，促进团队建设。

阿里巴巴有一支打不垮、挖不走的团队。同马云一起创业的18元老，经历过多少艰难挫折，始终坚守在阿里巴巴的各个职位上，一直跟随阿里巴巴的成长，从未轻言离开。在诚信缺失道德危机、内斗盛行内耗严重的大环境下，阿里巴巴却逆风而上，坚持不懈地推行自己的团队文化，创建一个团结乐观和充满关心、理解、尊重的团队，创建一个没有抱怨、没有政治斗争、没有利益集团的小环境、小氛围。

在阿里巴巴，每一位新进入公司的员工都要参加为期两周的名为"百年阿里"的培训。在培训期间通过与学员们一起上课、拓展、游戏等方式，向新员工介绍阿里巴巴的历史与现状，宣扬其优秀独特的价值观，并培养团队合作意识。

在阿里巴巴，2003年3月末的一天，10名阿里巴巴员工被告知将有一项十分艰巨的"秘密任务"，"可能两三年内回不了家"，如果接受任务，就签署一份保密协议。此后这10名员工集体"失踪"。此后1个多月时间，大名鼎鼎的淘宝网产生，而这正是这十几个人所组成的团队的杰作。

在阿里巴巴，2003年当"非典"让众多企业员工纷纷逃散之时，阿里巴巴团队却同心协力，众志成城，"打赢了一场零伤亡的漂亮战役"。

团队合作是阿里巴巴成功的秘诀。建立一个和谐的团队是马云的期盼.他在自己的博客中写道:"多少年来,我看到无数中国公司里充斥着抱怨、矛盾、斗争……我就有个梦想:把阿里的团队变成不是抱怨而是行动、不是悲观而是乐观、充满关心理解尊重的团队!!所以我们提出了价值观!我们坚信做事先做人的原则!我们团队精神的真正含义是我们一起去学习去成长!我们尊重理解支持爱护我们的队友!我们在做好自己工作的同时尽自己最大的努力去帮助我们的队友!"

拥抱变化

阿里巴巴"六脉神剑"第三支:拥抱变化。

"变革是无法避免的事情",管理大师德鲁克说,"我们无法左右变革,我们只能走在变革的前面。"现在的世界是个充满活力的世界,企业制胜的武器不再是稳定性,而是适应与变化的能力。企业要不断做适当的调整,才能生存,尤其在传播事业十分发达的时代。阿里巴巴公司也强调拥抱变化。

在互联网短短的十几年历史中,网络技术、运营手法、赢利模式等无不是瞬息万变。而要在这种种变化中求得生存乃至发展,只有以变应变,而不能抱着"以不变应万变"的传统策略,否则,迟早会被淘汰。企业要善于变化,首先就得让员工拥有拥抱变化的能力。

拥抱变化是阿里巴巴作出战略决策的一个重要宗旨。马云对员工"拥抱变化"的能力非常重视。马云解释,如果企业员工不能适时应变,不断创新,要想做百年企业简直是痴心妄想。

为了使员工"拥抱变化",阿里巴巴的干部坚持轮转,让销售人员到后台来,看看后台是怎么运作的;让后台的人到前台去,看看前台是怎么运作的。阿里巴巴的业务经理们也定期在全国各城市之间大调动，让他们调换眼光，这是阿里巴巴培育员工拥抱变化能力的措施之一。在阿里巴巴公司，创业元老和众多老员工几乎每一个人都经历过不止一次的工作变动。

甚至阿里巴巴很多优秀的员工，这 10 年所有的工作全部换过。不止是员工的岗位调动频繁，高管变动同样频繁。2007 年 12 月 24 日，阿里巴巴集团宣布，对旗下高层进行调整，淘宝网总裁孙彤宇、阿里巴巴集团 COO 李琪、阿里巴巴集团 CTO 吴炯、阿里巴巴集团资深副总裁李旭晖将会辞去现任职位。阿里巴巴表示，此调整是基于公司干部轮休学习计划。

而对于如此之大的人事变动，尽管外界一片议论，在阿里巴巴内部却并没有引起任何震动。由此可见，"拥抱变化"的理念在阿里巴巴已经是深入人心。

诚信

阿里巴巴"六脉神剑"的第四支：诚信。

"诚信"的内容有：诚实正直，言出必践；胸怀坦荡，对事不对人；言行一致，不受利益或压力的影响；勇于承认错误，敢于承担责任；不传播未经证实的消息，不背后不负责任地议论事和人；坚持原则，不随意承诺或妥协。

在阿里巴巴，一个合格的员工不仅要有杰出的能力，更要有诚信的工作作风。在阿里巴巴最困难的时候，发现"回扣"的事很暧昧：给回扣公司能够活下来，不给回扣则有可能倒闭。但阿里巴巴公司在刘庄专门开了个被称之为"遵义会议"的会议后，作出了一个艰难的决定：从今天开始，公司永远不给任何人一点回扣，如果谁给

了回扣，就请离开公司。

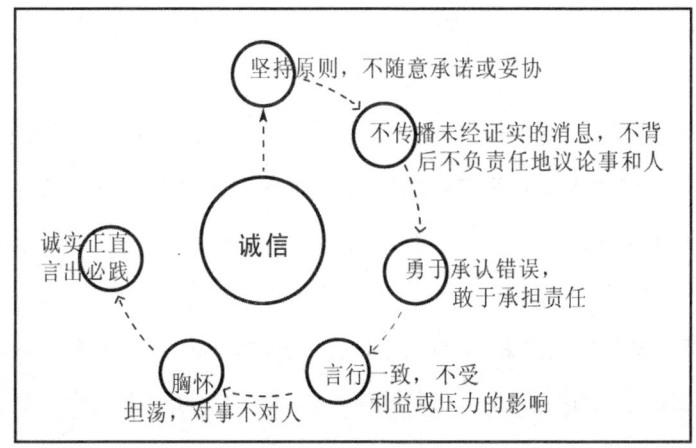

在公司的采购上，阿里巴巴也在合同上写明了合作公司不准给回扣，哪怕只是一颗糖。如果发现哪个公司这么做了，永远不会再和它合作。阿里巴巴公司相信，自己不需要进行桌下交易，这样的伙伴也不需要。

马云曾这样说道："商业社会其实是个很复杂的社会，但是只有一样东西，能够让自己有把握，就是诚信。因为诚信，所以简单。越复杂的东西，越要讲究诚信。"

诚信之所以具有很大的能量，是因为企业、行业或者个人一旦在公众心中形成诚信形象，将产生不可估量的溢价功能和品牌力量。诚信不是一种销售，不是一种高深空洞的理念，是实实在在的言出必行、点点滴滴的细节，诚信不能拿来销售，不能拿来做概念！对于有人主张商场上的道德水准可低于其他活动的观点，一些企业家指出："我们相信生活中高尚的美德与经济上的成功，不但没有冲突，而且可以兼得。事实上，长期而言，更有相辅相成的效果。"

联想控股董事局主席柳传志将联想文化的核心归结为两点：求实和诚信。即对外，企业间要讲诚信；对内，则要避免"做违心事，说虚话、空话、套话"。

柳传志说："我们为了在口号上减少字样，没有把求实和诚信分开，就叫求实。其实求实和诚信应该有不同的含义。我对其他人的承诺应该称为诚信，我有没有诚信。但是一个部门自己对自己来说就是要求实。"

柳传志表示，他最大的愿望就是把联想做成一个正派、诚信的企业，并在市场上形成一个主流声音。柳传志说，"求实最重要，没诚信最可怕。"

柳传志强调"以信为本"，主要是提倡两种信誉：一是个人的信誉，要求是踏实做事，说到做到，点滴积累；取信于用户，取信于同仁，取信于上级，取信于下级，取信于政府。

二是公司的信誉，要求是以用户效益求公司效益；宁可损失金钱，绝不丧失信誉。

柳传志提倡"以信为本"的企业文化，并在公司内外大力推广。"我们在做的时候，一开始就立了三个"信得过"。一个就是叫领导信得过你。我这个领导今天其实就是个股东，当然是中国科学院，你得叫投资人信得过你。第二个你得叫客户信得过你。第三个你得叫员工信得过你。我们在诚信方面得到的好处，我真的是可以说出来好多。诚信本身不是很容易做到的，原因不仅是个态度问题，我想诚信于是就诚信了。有很多东西你对自己估计过高，你答应别人的事，你做不到，这形成的最后结果是不诚信。如果你要让你的员工、让你的客户都认识到，你努力在做，那他们会感觉好得很多。如果你做到了，而且是努力实现诺言，那你这个企业真的就在人家面前会有一个非常高的一个位置。"

柳传志强调，一定要取信于领导，取信于用户和合作者，取信于员工。说到的事情一定要做到，要不然，你就别说。联想定的指标全都不冒，联想定的指标肯定是超额完成，谁也不敢说大话。另外，公司立的规矩一定要不管不顾地坚持。比如公司开会迟到罚站的规矩。

从一定程度上讲，做企业和做人是同样的道理，是一个无休无止的挣信誉的过程。柳传志本身就是一个视信誉为生命的人。"对于一个企业的领导者来说，你要用自己的品行、道德去带动整个企业，你首先要是一个诚信、求实的人，下属才会跟着做。这是企业文化建设的基础。"

激情

阿里巴巴"六脉神剑"的第五：激情。

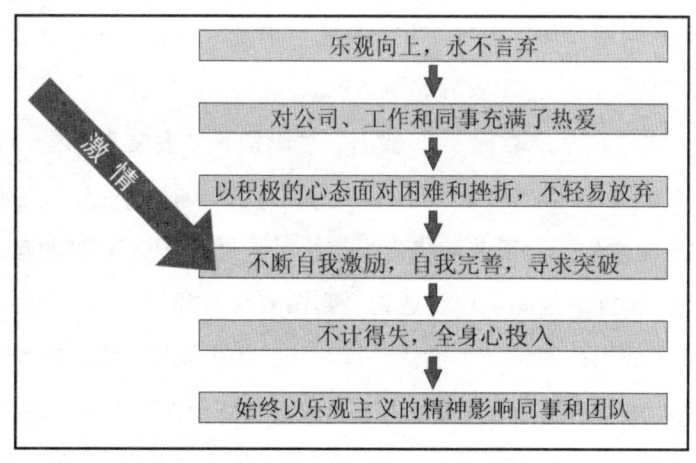

"激情"的内容有：乐观向上，永不言弃；对公司、工作和同事

充满了热爱；以积极的心态面对困难和挫折，不轻易放弃；不断自我激励、自我完善，寻求突破；不计得失，全身心投入；始终以乐观主义的精神影响同事和团队。

对于企业管理者来说，员工必须有激情，这一点非常重要。顺风船的时候并没有什么激情不激情，但在遭遇逆境时，激情就是不可缺的东西，没有激情，就很难逆风而上。

在阿里巴巴的企业文化中，激情是重要的一环，阿里巴巴团队也是最有激情的团队之一。

回顾阿里巴巴的发展史，各种各样的激情画面举不胜举。《21 世纪经济报道》曾这样报道："有一位因挫折极度消沉的女士来到阿里巴巴，三个月后，她的姿态已焕然一新。尽管她 3000 左右的薪水在大部分白领看来毫无兴奋点，但她的口气铿锵有力：'请不要再和我提自杀那些愚蠢的话题，我正在给中国的电子商务作贡献。'"

"魔力还蔓延到与阿里巴巴雇员朝夕相处的亲人。马云习惯不定时邀请他们到公司'视察'并非秘密，但是，大部分人不知道他们走出大门后，会在这个安静的城市难以入眠，对'枕边人'感慨——'加油干吧，以后就靠你了。'曾有一位以抱怨'丈夫工作过于拼命'著称的妻子，最后在阿里巴巴员工大会时跌跌撞撞地冲上了主席台：'我想感谢你们，我很荣幸将丈夫交给了阿里。'还有一些更激动人心的画面。据一位淘宝雇员透露，当淘宝交易额冲过目标值时，雇员们将在部门经理带领下愉快'裸'奔，男生脱掉上衣，甚至只剩下一条裤衩。当然，这一业绩并不直接返点到个人薪水上。"

"这里的一位'销售冠军'还在一个寒冷的冬日跳下了西湖。事情缘起 2003 年他与马云的一次'豪赌'：如果其能在 2004 年实现一年 1000 万元的销售额（相当于其 2003 年销售额的 3 倍之多），马云将应允其去世界上他喜欢的一个城市喝咖啡，但如果失败，代价是在最冷的季气'跳西湖'。"

这就是马云和阿里巴巴员工的激情，或许在一些人看来，这种激情近乎疯狂。可就是这种近乎疯狂的激情让阿里巴巴上下牢牢抱成一团，向着共同的目标大踏步向前。

在阿里巴巴，激情不是一种短暂的兴奋，而是一种永恒的持久的动力。对阿里巴巴来说，一个员工第一天晚上很晚下班，疲惫地离去；第二天一早，他又笑着回来了，这就是激情。对阿里人来说，短暂的激情只能带来浮躁和不切实际的期望，而永恒持久的激情会形成互动、对撞，产生更强的激情氛围，从而造就一个团结向上充满活力与希望的团队。

马云曾这样说道："阿里巴巴有一批有激情有理想的年轻人聚在一起，想创建一家伟大的公司。这件事从未有人做过，要逐渐地完善，需要所有人的配合。年轻的团队容易产生激情，但更容易因挫折而失去激情。在兵荒马乱时期要保持长时期的激情对一支年轻的团队而言尤为艰难，但艰难时期更需要激情。从工农红军到 1949 年新中国成立，共产党凭着坚强的信念和永不放弃的激情取得了成功。激情应该是永远留在心中的！永不言败，永不放弃，不仅是对公司而言，更是对公司里的每个同事而言，是对自己人生和职业生涯的一种态度。一个有追求的人会不断唤醒自己的激情，并用自己的激情去影响四周的人；得过且过不是阿里人崇尚的作风！"

马云对阿里巴巴的员工说："阿里人今后要面对的困难会更大，挑战会更残酷……我们从今天起就要学会欣赏帮助和支持我们身边的人!!因为总有一天我们会一起面对世界上最大的挑战的!!"

敬业

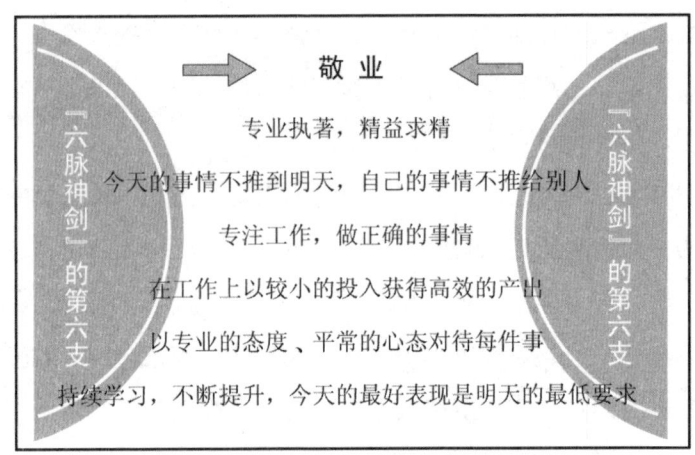

阿里巴巴"六脉神剑"的第六:敬业。

它的内容有:专业执著,精益求精;今天的事情不推到明天,自己的事情不推给别人;专注工作,做正确的事情;在工作上以较小的投入获得高效的产出;以专业的态度、平常的心态对待每件事;持续学习,不断提升,今天的最好表现是明天的最低要求。

所谓敬业,就是要尊重自己的工作,满腔热情地投入其中,对工作尽职尽责,以专业的态度和平常的心态做非凡的事情。只有这样的员工才是阿里巴巴真正需要的。只要工作需要就必然全力以赴,这样的团队是不会失败的。

宋朝朱熹说,"敬业"就是"专心致志以事其业",即用一种恭敬严肃的态度对待自己的工作,认真负责,一心一意,任劳任怨,精益求精。

　　敬业是人的使命所在，是人类共同拥有和崇尚的一种精神。从世俗的角度来说，敬业就是敬重企业里的制度，尊重自己的工作，将工作当成自己的事，其具体表现为忠于职守、尽职尽责、认真负责、一丝不苟、善始善终等职业道德，同时其中还糅合了一种使命感和道德责任感。

"四项基本原则"

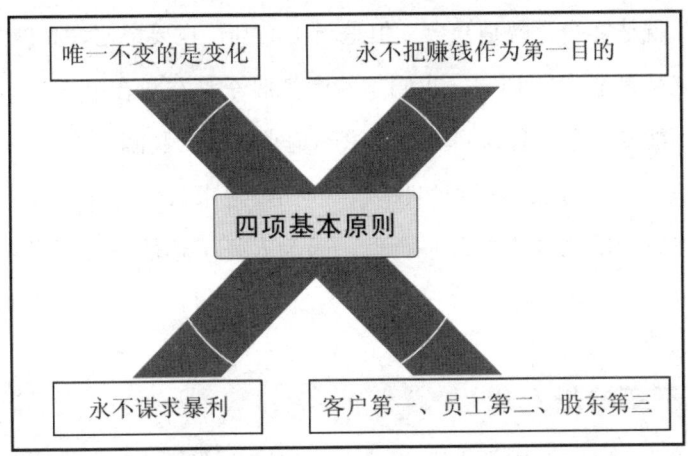

　　马云说："'四项基本原则'的第一条是：唯一不变的是变化。我们在不断的变化中求生存，在不断的变化中求发展。如果发现公司没有变化，公司一定就会有压力。所以说我希望告诉你们每一个人，看看：你自己的成长，是否带来变化，Transformation 也是变化；我们的网站、Traffic（贸易），我们的 Revenue（各项收入），各方面是不是有变化；我们的服务策略是不是有变化。我们要不断地去适应这种变化。如果你觉得昨天赢的东西你今天还要希望这样赢，很难了。一定要创新，变化中才能出创新，所以要学会在变化中求生存。第二，永远不要把赚钱作为公司的第一目标。赚钱，它是个 Result（结果），不要把赚钱作为我们的目标，否则我们都会很累。我们真正要做的是帮客户创造价值，创造独特的价值，与其他所有网站企业都不一样，我们做的要比别人做得好。第三个，我们讲'三个代表'：第一必须代表客户利益，第二必须代表员工利益，第三才是代表最广大的股东利益。所以请记住：阿里巴巴公司就是把客户利益放在第一位，因为我们要走 80 年。80 年中，谁支持我们钱？谁支撑我们往前走？就是客户，就是社会。但是员工的利益也要记住，高度保证。接下来才是股东的利益，我们不希望把股东利益放在第一位。这个次序不能变。第四条，阿里巴巴永不追求超额的利润，不追求暴利。我们追求公平合理的利润和收入。公司要追求公平合理，我们每个员工对自己的收入也要公平合理。因为人好了总是还想再好，但是我觉得公平合理才能有利于长远。这就是我们的'四项基本原则'。"

唯一不变的是变化

阿里巴巴遵循的最高准则，第一条就是"唯一不变的是变化"。马云说道："公司必须要变化。如果不变化，去年是这样，今年组织机构还是这样，一成不变，是发展不起来的。"

而在阿里巴巴的企业文化中，拥抱变化也是第一条必须遵循的原则。

阿里巴巴对"拥抱变化"的要求是：迎接变化，勇于创新；对于行业和公司的变化，认真思考并充分理解，积极接受；对于变化对个人产生的影响，理性对待，充分沟通，诚意配合；面对变化，积极影响和带动同事；在工作中具备前瞻意识，不断尝试新方法、新思路；即使变化后产生了挫折和失败，也能重新调整，以更积极的心态拥抱下一次变化。

通用电气前任 CEO 杰克·韦尔奇曾说过："我们的世界变化的速度是如此之快，对于一家公司来说，最重要的一项工作就是要变得灵敏，一定要灵敏，一定要具有适应能力，而不是用所有的时间去预测未来。"马云说道："除了我们的梦想之外，唯一不变的是变化！这是个高速变化的世界，我们的产业在变，我们的环境在变，我们自己在变，我们的对手也在变……我们周围的一切全在变化之中！"

马云认为，互联网最大的特征是变化。阿里巴巴就处在不断的变化之中。从 2000 年到 2003 年，互联网发生了太大的变化，从高潮到低谷，盈利模式从广告到短信和网络游戏。所以，电子商务市场也将发生巨大变化。

互联网最大的特征是变化，因而最好的办法就是能够预测到变化，抢在变化之前采取行动。

在建立阿里巴巴的时候，不少电子商务公司是面向大企业的。但马云预测，网络的普及可能就是大公司模式的终结，因为，在网络时代，一家公司要进入他国市场并不需要太多的钱，网络的大量即时性信息使中小企业可以获得更多的市场机会。

当其他人还没有意识到互联网这个动向的时候，阿里巴巴就已经敏锐地捕捉到了这一变化。因此，阿里巴巴想："为什么不能给这些企业一个网络出口呢？"于是就有了不同于当时任何电子商务模式的、专为中小企业服务的"阿里巴巴"。

在 2000 年的时候，阿里巴巴再一次敏锐地捕捉到了危险的信号——互联网的又一次变化。这一年，网络经济泡沫破灭，国内外互联网公司惨淡经营。

也是在这一年，当有创办企业的朋友问马云，"今年在干什么？"马云回答说："一个是在阿里巴巴搞大生产，一个是在建抗日军政大学。"马云相信，中国入世将改变世界经济格局，全世界的工厂将云集亚洲，而中国正是重中之重。因而 2000 年年底阿里巴巴就把战线拉回国内，实施"全球眼光，当地制胜"的战略，打出"我来自中国"的招牌。互联网世界总是充满风险的，谁能拥抱变化并且具有大胆追求的勇气，谁就能在这个领域里生存下去。而阿里巴巴恰恰具备了这种勇气。

2008 年 2 月，阿里巴巴最早预言经济冬天，并搬出"150 亿元援冬计划"。对 2009 年，阿里巴巴的关键词，不是信心，不是过冬，不是坚强，不是进攻，而是"变革"，变革似乎也是个陈词滥调，但阿里巴巴则赋予了新的视角、突破性的理念。

在阿里巴巴的企业内部，机构变化、人员变化、职务变化、工作变化几乎月月年年都在发生。而正是因为这个宗旨，阿里巴巴才能在风云变幻的 IT 业里游刃有余地生存。而这个智慧随着阿里巴巴影响力和知名度的不断提升，也在被越来越多的企业和企业家所学习。"唯一不变的是变化"，这是马云作为一个企业家，所总结出来的最大智慧之一。在阿里巴巴，它不仅仅是一个口号、一个原则，更是企业发展的宗旨。

鼓励人才流动

人才流动是增强企业活力的需要。"流水不腐，户枢不蠹"。阿里巴巴鼓励人才流动，而且是强制性流动。比如，阿里巴巴每年都实行轮岗制度。业务经理定期在全国城市之间大调动。让他们调换眼光，这是培育拥抱变化能力的措施之一。

在阿里巴巴，员工的平均年龄只有 26 岁。阿里巴巴希望每个在阿里巴巴待过的人，都植入阿里巴巴的 DNA，将来即使离开公司也是个优秀的人才，将阿里巴巴的 DNA 复制并传播出去，为曾经身为阿里人而自豪。

永不把赚钱作为第一目的

我国著名经济学家郎咸平曾这样评价中国企业家："中国人有个毛病——就知道赚钱，而且为了这个目标可以不择手段。比如面对毒奶粉事件，你一夜之间发现之前那些'每天一斤奶，强壮中国人'的广告全是骗人的！事实上，中国对各种食品的检验频率和密度，要比美国、澳大利亚、新西兰高多了，因为这种事情在中国以外的几乎任何国家，都是不可想象的！同样不可想象的还有黑煤窑事件，等等。你看来看去发现只能有一个解释，就是中国的企业家根本没有道德约束，这些人只知道赚钱。

"那么，赚钱又是为了什么？留给下一代吗？那么，如果政府要取消遗产税，你会不会因此而欢欣雀跃？巧了，美国总统小布什曾经就打算这么干，你觉得美国富豪当时是不是也像你一样高兴呢？"

"有趣的是，美国竟然有 120 名富翁联名登广告，反对政府取消遗产税。其中包括比尔·盖茨的父亲老威廉、沃伦·巴菲特、索罗斯、石油巨头洛克菲勒等。这些美国巨富的行为背后，到底埋藏着怎样的社会文化基因呢？……替整个社会和上帝所爱的子民创造财富，这是他们想的事。你可能认为这是大话或者神话，但你知道为什么吗？因为我们都不是这么教育我们老百姓的。我们中国的企业家都是什么心态呢——强烈的家国情怀、对超速成长的渴求、隐藏于内心的不安全感和对官商文化的膜拜！所以，我们实在应该感谢危机，只有危机到来，我们才会冷静下来，想想自己内心深处最根本的动机和心态是不是出了什么问题！

阿里巴巴可以说是中国企业中的一个异类。马云曾无数次说过：永不把赚钱作为第一目的。"永远不把赚钱作为第一目标，这是铁定的。大家可能说好虚伪，公司是一定要赚钱的，不赚钱的企业家是不道德的，他对不起客户，对不起员工。但赚钱是一个结果，不是一个目标。我们要创造社会，去改变人。

客户第一、员工第二、股东第三

阿里巴巴的四个基本原则之一是客户第一、员工第二、股东第三。阿里巴巴优先级的排序与许多公司的不同也是阿里巴巴成功的另一个关键。阿里巴巴非常不赞同美国和其他地区将股东利益列为公司最高目标的看法，正是这种看法造成了当前经济的混乱状态。

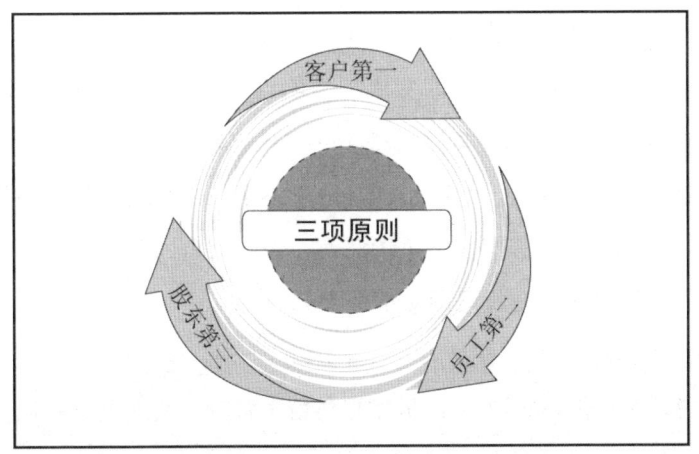

马云强调："当我说是客户第一、员工第二而股东是第三位时，很多人都认为我愚蠢和疯狂。但这就是我们的逻辑。我很尊重股东，但股东在我这里只排第三。"

马云作为阿里巴巴的创始人不断问自己一个问题：阿里巴巴为了什么、阿里巴巴这批人为了什么存在下去？这些问题阿里巴巴这两年越来越清楚而且使得阿里巴巴意志越来越坚定。阿里巴巴的经营哲学永远是贯彻客户第一、员工第二、股东第三的原则。

阿里巴巴在第一次上市的时候讲客户第一、员工第二、股东第三，有一个投资者对阿里巴巴的这种说法非常不理解，他说："股东第三，那你来上市干什么？"阿里巴巴则称：这世界有很多股东第一的公司，应该投那样的公司；但是这世界上也有阿里巴巴这样的公司坚信客户第一，因为阿里巴巴相信是客户给了钱，阿里巴巴创造价值，阿里巴巴对社会作出贡献，阿里巴巴让客户成长起来。客户付阿里巴巴钱，因为客户的钱使阿里巴巴成长。股东给阿里巴巴钱不是阿里巴巴的收入，股东的钱是对阿里巴巴的信任，所以阿里巴巴认为公司的目的是为客户创造价值。

但是员工是让这些目的变成现实的人，没有员工的创新和辛勤的努力不可能有很好的收入。

当然股东利益第三，股东利益是个结果。假如这家公司不挣钱，那么这家公司是不道德也不负责任的，但一家公司为了挣钱而活着，阿里巴巴觉得这样的公司意义不是太大。

客户第一

华为总裁任正非说道："员工是要给工资的，股东是要给回报的，天底下唯一给华为钱的，只有客户。我们不为客户服务，还能为谁服务？客户是我们生存的唯一理由！"阿里巴巴同样将客户第一作为最重要的一个价值观。

阿里巴巴把"客户第一"的思想以及涵义和要求深入贯彻到企业的每一个角落。它反复地贯彻这种思想，以这种思想去影响激发员工自觉地将其付诸行动。可以说，"客户第一"是阿里巴巴永远的理念。

很多公司都讲"客户第一"，但是有多少公司在组织构架中把客户放在最上面呢？阿里巴巴的组织机构图，最上边是客户，最下面是 CEO，而阿里巴巴集团 CEO 的领导就是几位副总裁。员工是副总裁们的领导，员工的领导就是客户。阿里巴巴不管别人怎么说，坚持在公司里面，客户第一、员工第二、股东第三。阿里巴巴认为，客户是付钱给我们的，员工是很重要，但员工绝对没有客户重要。

即使在互联网的冬天，全球金融危机、经济形势下滑的情况下，阿里巴巴依然坚持着客户第一。2009 年，马云在股东大会上坚决地表示出了其客户第一的理念。马云说道："上市的时候我讲客户第一、员工第二、股东第三，有一个投资者对我的这种说法非常不理解，股东第三来那你来上市干什么？我说这世界有很多股东第一的公司，你应该投那样的公司；但是这世界上也有阿里巴巴这样的公司坚信客户第一，因为我相信是客户给了我们钱，我们创造价值、我们对社会做出贡献，我们让客户成长起来。客户付我们钱，因为客户的钱使我们成长。股东给我们钱不是我们的收入，股东的钱是对我们的信任，所以我认为公司的目的是你为客户创造价值，客户给你钱。但是员工是让这些目的变成现实的人，没有员工的创新和辛勤的努力不可能有很好的收入。当然股东利益第三，股东利益是个结果，假如这家公司不挣钱，那家公司是不道德也不负责任的，但一家公司为了挣钱而活着，我觉得这样的公司意义不是太大。"

"很多分析师也好，华尔街的人也好，说你们这个公司有点邪，是股东第三。我还是那句话：这个世界股东第一的公司很多，你可以投那些公司，我就不相信全世界 60 亿或这么多股东中没有人愿意投资一家创造价值的公司。就像 10 年以前阿里巴巴刚成立，大家觉得阿里巴巴有点搞笑，对员工讲价值观、使命感、帮助别人成长和服务，这太理想化了。我说我就不相信全中国 13 亿人找不到跟我们有同样理念的人，现在我们找了 1.2 万名。跨国公司有跨国公司帮它们，中小企业没人帮它们，我们就帮助最需要帮助的人，因为我们想要创造更多像阿里巴巴这样的公司。"

"客户第一"是阿里系所有子公司的共同价值观，也是阿里巴巴旗下淘宝的第一要则。淘宝网所有员工都自称"店小二"。淘宝认为，"店小二"这个词，表现出了一种对自己的定位，就是为顾客服务的人。马云说："我们在电视、电影里看到，以前那些茶馆、饭庄的小二，看到客人老远就打招呼，鞍前马后照顾得非常殷勤周到。我们现在虽然不会称客户'大爷''大妈'，但是我也希望我们的员工能够学习旧时代'店小二'那种殷勤好客的服务态度。店大欺客的情况，绝不能在我们网站出现。"

也有客户建议他们不要叫店小二，理由是店小二地位太低下了，与淘宝网员工的身份不吻合，但这个建议没有被采纳。淘宝网前任总裁孙彤宇说："淘宝的员工我们在网站上自己叫店小二，就是给大家擦擦桌子，端茶送水给大家做服务的。"对阿里人来说，店小二就是"服务精神"，永远把客户放在第一位，给他们所需要的。

员工第二

阿里巴巴将人才放在了非常重要的位置。阿里巴巴 B2B 前总裁卫哲对马云的评价是："媒体上的马云并不完全是马云。你们抓到的都是狂啊疯之类的。或许你们看不懂模式的时候，你们觉得他更疯狂一点。外界不知道他在工作上有多么细致，他带我们见哪怕很小的客户，他关心自己员工吃饭怎么样，最近玩得开心不开心，主管跟你分享的培训经验好不好，等等。这一面恰恰是我印象很深的，我觉得阿里巴巴的成功并不是媒体所表现出的马云一个人就能实现的，背后还有很多管理方面、人的凝聚力方面所体现出来的价值。"

"关心员工"可以说是马云创造团队凝聚力的法宝，可以从阿里巴巴员工的话里看出来。

阿里巴巴的一位创业员工说："我感觉他本质非常好，非常善良，比较照顾周围的人，而且不是应付也不是应酬，而是发自内心的关心。他把我们当朋友，他付出从来不讲回报；他很平等待人，而且做得很正。很多事情我们觉得很困难，可是他却说：你看我们还有这么多希望。跟他工作很高兴。生活永远是两面的，你看到一面特别抢眼就看不到另外一面。他启发我们看另外一面。困难的时候我们也没怎么愁云惨雾，很开心就过来了。他的性格也很好。这些都影响了我们。"

朱文新是最早认识马云的人。1997年，当马云还在创办中国黄页的时候，朱文新就是第一批网页设计师中的一个。"我家境不富裕，又是广东人，一个人在杭州没有亲戚朋友。马云总是时不时找我谈心，了解我生活中的困难，而且总能设身处地地帮我。"朱文新说，"他还鼓励我成为全中国最好的网页设计师，让我有了工作的目标。"

马云的创业伙伴、副总裁王帅一直念念不忘的是，有一段时间，他总失眠，马云知道后就回家给他取药，希望他当晚有个好睡眠。马云的员工对他的描述除了"激情、坚持"外，更愿意谈他的细致：关心员工的吃饭，关心员工是否玩得开心，关心主管与员工分享的培训经验效果。

马云在下层员工身上所做的工作很多，甚至包括关心员工谈恋爱、失恋，和保安发生的不愉快等。彭蕾说："连我们都不知道这些鸡毛蒜皮的小事。他经常提醒我们去关注队友。他跟普通员工这种接触超乎我们的想象。"马云的注意力可以扩展到很大的范围，同时也可以细微到一个微不足道的细节上。

马云不仅只是关心员工个人，而且将这种关心泛化到员工的家属身上。在阿里巴巴已经工作了8年的乐军谈到公司最让他印象深刻的事情时，提到了"六一"儿童节。公司鼓励员工们"六一"儿童节那天把小孩带来。乐军说："在公司搭了充气游乐园，有房子、滑梯什么的，地上还铺上很柔软的地毯，各个楼层都有，让小孩子来玩。这让我们的员工觉得很有归属感，看着自己的下一代也在公司玩，觉得不仅仅是我们自己和公司一起成长，也希望我们的孩子跟公司一起成长。"

如今，马云的名声大了，很多人去阿里巴巴都是奔着马云。但是管理一个团队，绝对不是凭某一个人就能吸引住人的。马云说道："很多人认为是我的吸引力。不是。如果管理层问题重重，那你谁也吸引不过来。这帮人都是聪明人，前景好，能做事，他们才来。否则老是卖我人情肯定不行。"

股东第三

很多分析师、华尔街的人认为阿里巴巴这个公司有点邪，其理念居然是股东第三。就像阿里巴巴刚成立时，大家觉得阿里巴巴有点意思，对员工讲价值观、使命感、帮助别人成长和服务。马云表示，大家都认为阿里巴巴太理想化了。而当时马云指出，"我就不相信全中国 13 亿人找不到跟我们有同样理念的人，现在我们找了 1.2 万名。跨国公司有跨国公司帮它们，中小企业没人帮它们，阿里巴巴就帮助最需要帮助的人，因为阿里巴巴想要创造更多像阿里巴巴这样的公司。"

永不谋求暴利

万科董事长王石认为"暴利往往暴毙"。他曾这样说过："暴利很容易让人狂热，一旦狂热则后果惨重。市场是公平的，是会报复人的。当一个行业赚钱太容易，这个行业离灾难就不远了。所以，1992 年我明确提出'万科超过 25% 的利润不做'。当时房地产业正火得一塌糊涂，一片哗然地嘲笑我们无能，但这个无能让万科躲过了 1993 年的危机，在房地产泡沫破裂时得以幸存。"

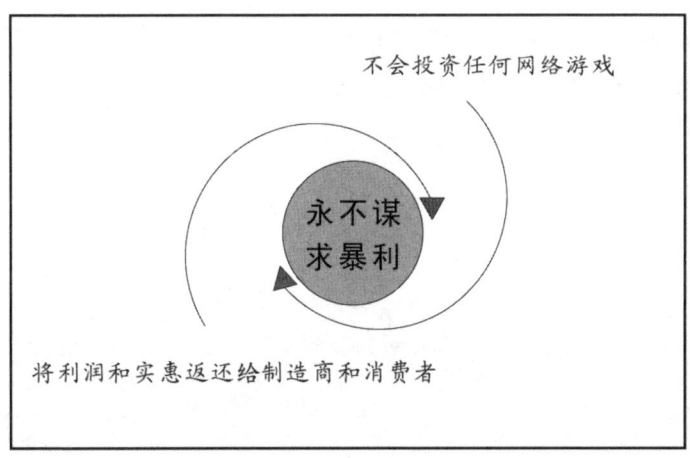

面对可能获得巨大利润的一些领域，比如游戏等都可以让阿里巴巴在短期内获得丰厚的利润，而阿里巴巴却表示，除以休闲为目的的棋类和纸牌游戏之外，阿里巴巴不会投资任何网络游戏。

这种舍得放弃小金子，旨在创造社会价值的理念，使得马云把握住了互联网的命脉。也正是基于这种对电子商务的坚定信念，马云立志于将阿里巴巴做成世界十大网站之一，从而实现"只要是商人，一定要用阿里巴巴"的目标。马云说道："阿里巴巴永不追求超额的利润，不追求暴利，我们追求公平合理的利润和收入。公司要追求公平合理，我们每个员工对自己的收入也要公平合理。因为人好了总是还想再好，但是我觉得公平合理才能有利于长远。"

阿里巴巴不追求暴利，并表示要帮助人们利用网货将暴利打破，将利润和实惠返还给制造商和消费者。在传统的市场上，一瓶酒的成本只有 10 块钱，却可能卖 900 块钱，其中的 200 块钱用于电视广告，

300块钱用于渠道。阿里巴巴认为，这种传统渠道的暴利存在对制造商和消费者来说都不公平，也不值得尊重。阿里巴巴尤其反对既得利益者对现存暴利的种种维护。未来十年，电子商务将向传统渠道开战，消灭暴利，"打掉"这些渠道。

ALIBABA

第四章

企业愿景

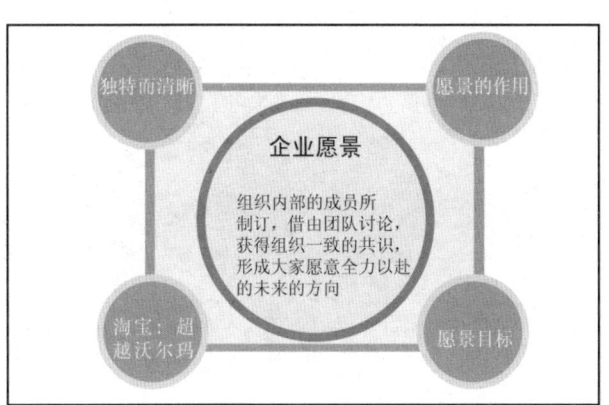

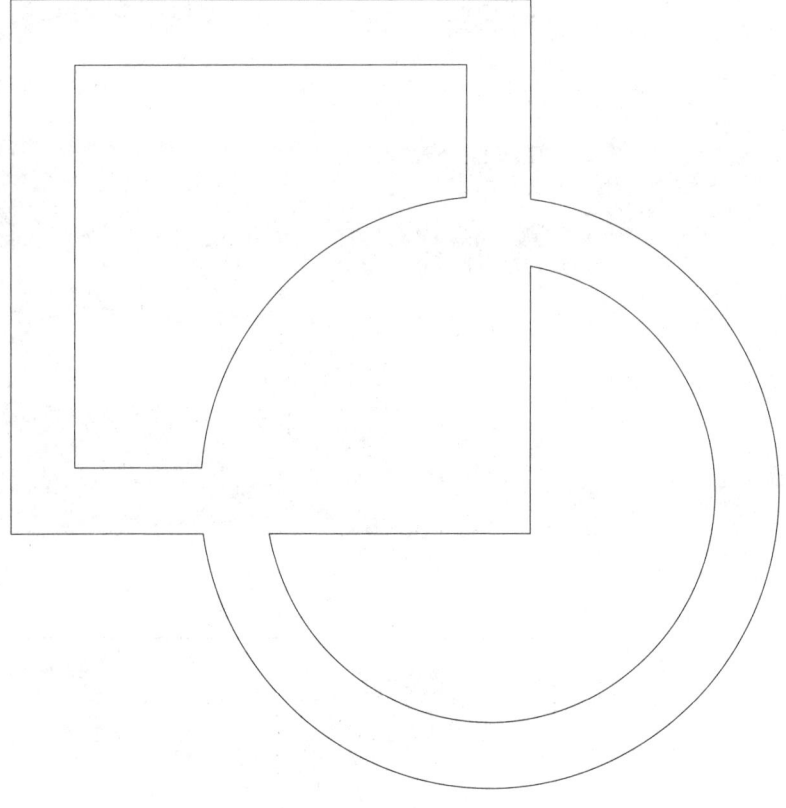

ALIBABA

　　企业愿景又称企业远景，简称愿景（vision），或译做远景、远见。所谓愿景，是由组织内部的成员所制订，借由团队讨论，获得组织一致的共识，形成大家愿意全力以赴的未来的方向。

　　愿景是组织对未来景象的一种描述，是组织成员共同的憧憬。它回答这样的问题："我们想成为什么？"

　　在解释愿景时，西方有本教科书曾用了一幅漫画，画中一只小毛毛虫指着它眼前的蝴蝶说，那就是它的愿景。可见，愿景是一个主体对于自身想要实现目标的具体刻画。因此，共同愿景（shared vision）是指组织成员普遍接受和认同的组织的长远目标。我们这里的愿景主要是指共同愿景。

　　著名畅销书《愿景》的作者胡佛认为，伟大的企业之所以伟大，就是因为它们能够看到别人看不到的东西，将洞察力和策略结合起来，描绘适合企业的最佳"愿景"。

　　当人类所追求的愿景超出个人的利益，便会产生一股强大的力量，远非追求狭窄目标所能及。京都陶瓷（一家陶瓷技术居世界领导地位的公司，其技术可使用在电子零部件和医学材料方面，另拥有自己的办公室自动化与通讯设备产品线）的创办人兼社长稻森胜夫说："任何一个曾经对社会有贡献的人，都一定体会过一股驱策其向前的精神力量，那是一种来自追求更远大的愿景、而唤醒了内心深处真正的愿望所产生的力量。"组织的愿景也是如此。

　　阿里巴巴对企业愿景的重视是阿里巴巴企业文化的特点之一，正是这一特点为阿里巴巴的持续发展提供了保证。

独特而清晰

企业愿景最简单的说法是"我们想要创造什么？"。正如个人愿景是人们心中或脑海中所持有的意象或景象，企业愿景也是企业中人们所共同持有的意象或景象。它创造出众人是一体的感觉，并遍布到组织全面的活动。它是在人们心中一股令人深受感召的力量。

畅销书《第五项修炼》的作者彼得·圣吉说到，愿景令人欢欣鼓舞，它使组织跳出庸俗、产生火花。企业中的共同愿景会改变成员与组织间的关系。它不再是"他们的公司"，而是"我们的公司"；不是有人要求我们做，而是我们要做。共同愿景是使互不信任的人一起工作的第一步，它产生一体感。事实上，企业组织成员所共有的目的、愿景与价值观，是构成共识的基础。

企业的愿景必须能反映企业的独特性，必须反映出企业的特色，必须反映出企业最为重要的东西，也必须反映出为什么这个企业可以生存下去的理由。

马云谈到阿里巴巴的愿景时说，阿里巴巴并不一定会永远做电子商务，如果有一天，生意做上了月球，商人需要把产品送上月球，那么阿里巴巴很可能致力于将商品送上月球。在阿里巴巴的战略中，不变的是为客户服务。阿里巴巴的愿景将它与大多数电子商务网站区别开来。

市场会变化，新技术会出现，但一个企业的愿景却应经久不衰。阿里巴巴独特而清晰的愿景一直坚持了下来，不管是在繁荣时期还是在萧条时期，不管是在顺利的时候还是在困难的时候。当遭遇互联网冬天的时候，马云去向投资者孙正义说明阿里巴巴的情况，孙正义感叹说，只有阿里巴巴，当初融资的时候怎样说，讲自己要做什么，现在仍然这样讲。

愿景的作用

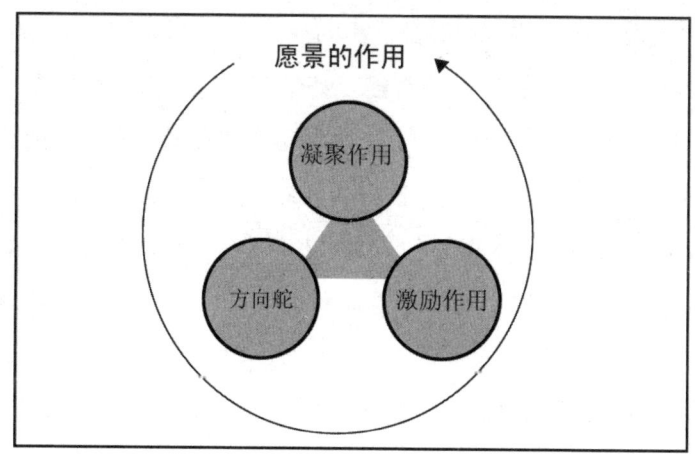

联想控股董事局主席柳传志在一次演讲中曾说道："愿景是指企业想往哪个方向发展。愿景对于战略设计非常重要，企业愿景如果不明确，肯定是不行的。很早之前我到北戴河，看火车站边上有一个卖馅饼的老太太，馅饼样子很好看，可吃起来皮很厚，吃完之后觉得下次再也不买了。老太太本来卖馅饼养家糊口，你走了人家还会卖给下一拨旅行者。你无从指责卖馅饼的老太太，因为她是不需要愿景的。"

如果只是要养家糊口，自然不需要愿景，但企业要做大做强，就一定要考虑向哪个方向发展，在诸多方向中找出适合企业的重心。愿景能够鼓舞和激励企业的成员，对企业的发展起着非常重要的作用。

为什么说愿景很重要？这是因为愿景对企业的发展起着非常重要的作用。使员工加入企业是不够的，还要使他们加入企业所从事的事业。在追求愿景的过程中，人们自然而然会产生勇气，去做任何为实现愿景所必须做的事。

柳传志表示："很多企业不太注意愿景，实际上愿景很重要，关键是你是否真心相信你的愿景，真的往这方面去做。真心想要做未必做得成，但是有做得成的可能；如果不真心，愿景肯定做不成。20 世纪 90 年代初，联想提出三条愿景：联想要做一个长久的公司，要做百年老字号，不急于一下子很出名，利润很高，然后就垮了，这是第一条最重要的愿景；第二是我们要做一个有规模的公司，要有国际化的市场地位；第三是要做个高技术的公司，不想什么赚钱做什么。"

"回顾联想的发展过程，虽然时间过了将近 20 年，营业额和市值都翻了成百上千番，但这些愿景一直没有变化，一直激励和鼓舞着联想人。愿景一定是企业发展的追求，是非常重要的。"

加里·胡佛所著的著名畅销书《愿景》中写道：愿景可以告诉我们一个企业为什么存在，这个企业存在的目的和理由。一个没有明确目的的企业就是一艘没有船舵的航船，是一列失去轨道的火车。愿景要回答的这个问题就是：我们究竟要努力去实现什么？

愿景的凝聚作用对企业起着非常重要的作用。从根本上来说，企业的愿景，即企业的目的，是来自不同地方的员工每天走到一起来的唯一原因。唯一让大家来这个地方工作的原因就是有着相同的价值观和共同的目标。

愿景的激励作用也不容忽视。当这个世界变得更加富裕的时候，没有什么比一种清晰的愿景更能吸引和留住人才。一个清晰的愿景、一个明确的目标，可以成为不断促进和激励人的因素。

同时，愿景还是困难时期或者转变时期的方向舵。人们在有着这样一个愿景的企业里会着眼于未来，暂时忘却眼前的困难。

在现今的企业组织中，真正投入的人只有少数，而真正奉献的人则更少，大多数的人仍在服从的地步。只有真正建立起企业愿景，才能使企业成员尽心尽力做好任何事，并将自己视为企业的一部分，从而确立对企业更高的忠诚度。

一家拥有愿景的公司会使自己的员工感觉身处一家与众不同的企业而不是随便一家企业。正是这种意识，使他们有足够的热情，将企业建设成一家伟大的企业。阿里巴巴在初创业的时候，员工每个月只有500元工资，每天工作16~18小时。如果没有一个共同的愿景，员工也不会和马云一起过这种苦日子。

阿里巴巴在网络泡沫剧增的 2000 年，不放弃理想，马云灌输给阿里巴巴网站的所有员工一个坚定信念：我们一定会赢，我们一定会重新站起来，我们一定会取得这场战役的胜利。阿里巴巴员工在极度艰苦的条件下，依稀看到了企业愿景与行业愿景，有半年的时间大家连一分钱都没有发，这就是信念这种动力在支撑员工努力工作，也恰恰是企业的这个愿景目标挽救了阿里巴巴。

阿里巴巴的员工来自五湖四海，人员层次也不同，有的是"海龟"，有的是本土"皮皮虾"，有的是北方大汉，有的是南方小姑娘，但在阿里巴巴，每个人的目标、梦想都是相同的，在企业愿景的激励下，阿里巴巴的人才流失是企业中控制得最好的。

2008 年 8 月 2 日，由 APEC 工商咨询理事会、中国国际贸易促进委员会、杭州市人民政府、阿里巴巴集团联合主办的第二届 APEC 工商咨询理事会亚太中小企业峰会在浙江召开。在会上，马云谈到了阿里巴巴的愿景："9 年以前尽管我们这儿没有几个人，但是我们的理想没有变。这几年来没有变过我们的理想，我相信这 20 年、30 年不会变我们的理想。首先我们希望对人类、对社会有贡献。根据这个愿景，我们将来会变成什么样？最后我们为了这个目的我们去努力实现。"

企业的愿景应是一个大胆些的目标，这将迫使管理者将目光放得更长远，并使员工为之付出更多的努力。如果所做的工作没有丝毫意义，所做的努力没有任何效果，还有多少人会继续努力？有多少人愿意留下来加班？有多少人愿意不计较报酬？人们需要知道自己所做的事是重要的，是对别人有帮助的。而阿里巴巴的共同愿景满足了人们的这种精神需求，使阿里人更有激情地工作。

愿景目标

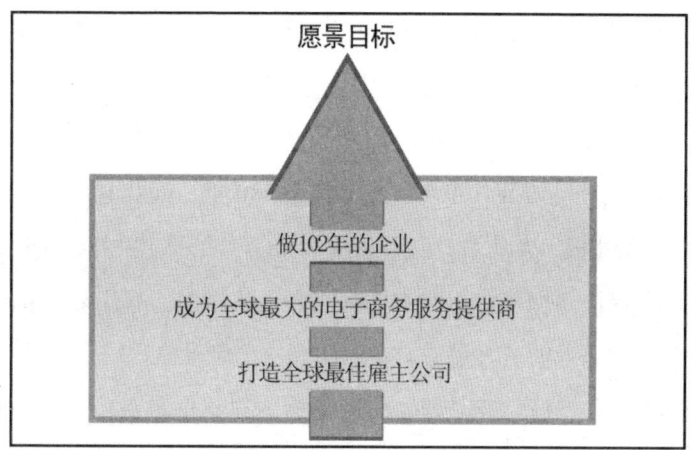

愿景应当有着高度特异性，这种特异性源自企业。对于一个卓越的愿景来说，独特性以及特殊性是极其重要的。当然并不是每一个愿景都能起到好的作用。一个好的愿景既不能脱离实际，也不能轻易就做到。

阿里巴巴的愿景目标是：

建立一家持续发展 102 年的公司

要成为全球最大的电子商务服务提供商

打造全球最佳雇主公司

做 102 年的企业

中国有太多的明星企业变成了"流星企业"，阿里巴巴并不想成为其中之一。阿里巴巴创业初期，马云提出要活 80 年。为什么是 80 年而不是 100 年? 马云是这样解释的："我认为百年太多了，都要提百年，中国人都要讲百年，而有八成中国企业的平均寿命只有 6 年到 7 年，有 13 年的很少，有 18 年的更少。然后我想 80 年，已经是很妖怪一样的人了。干吗一定要活 100 年? 大家都说 100 年，而我觉得 80 年是一个人的生命周期。我以为我们公司真不错，现在一个月的收入这么高，利润又那么好，对不对? 好像在中国我们也飘飘然，有几家上市公司有像我们这样的利润? ……我在日本时碰到一个企业家，一个老头，我去参观他的公司。我真看不起那公司，没听说过这个名字，叫 Tomen (东绵贸易) 公司，可能你也没听说过。那老先生说我们今年生意不是很好，营业额不是很好! 那我说营业额不是很好是多少，他说 200 亿! 我说"200 亿日币"，他说 200 亿美元。我都要晕过去了! 200 亿美元还说生意不是很好，一比以后你会觉得这就是距离。然后我就觉得应该忘掉什么 1 个亿利润、几个亿的收入。如果你真的希望成为一个国际性的公司，在你脑子里面如果 1 个亿美元的营业额都没做到的话，我们叫做 peanut，连花生你都不是，所以今天我们阿里巴巴还是个芝麻，绿豆也没做到，花生也没做到，所以还有很长的路要走，所以现在挣的钱都是零花钱。"

从马云的话语中，可以看出他高昂的斗志。1999 年大年初五，马云趁春节放假大家都回杭州的机会，把他的十几个朋友拉到他家开了一次创业动员会。阿里巴巴资深副总裁、"十八罗汉"之一的金建杭后来回忆道："马云主讲，其中讲到三点：第一是将来要做持续发展80年的公司；第二是要成为全球十大网站之一；第三就是说只要是商人，一定要用阿里巴巴。这三点目标已经成为公司的远景目标。"

金建杭对着阿里巴巴创业之初的照片说道："你们看看照片里大家眼神是怎么样的，都是迷茫的、空洞的。"之所以迷茫，金建杭分析，"因为我觉得对我们这十多个人来说，提出做80年的公司，这个目标好像跟我们没有关系，离我们那么远！说全球十大网站，打死也没有人相信，就凭十多个人，你要做全球十大网站？人家可都是几十亿美元投入，所以也觉得路比较远。'只要是商人就要用阿里巴巴'，这个比较舒服，但这个也是永无止境的目标。"

为什么会提出80年的目标？马云还有另外一层用意："我们原先2000年的口号是做80年，这个'80'是定出来的，我是拍脑袋说出来的。1999年互联网，很多人在公司上市8个月，就跑掉了。全中国人民都在讲互联网可以上市圈钱然后大家就跑。而我们在公司提出我们要做80年的企业，反正你们待多久我不担心，我肯定要办80年。直到今天我还在说我不上市，所以很多人，为了上市而来的人，他就撤出去了。所以提出80年就是要让那些心浮气躁的人离开。"

2004年，在阿里巴巴5周年庆的时候，马云又提出了一个新的目标："阿里巴巴要做102年的公司。诞生于20世纪最后一年的阿里巴巴，如果做满102年，那么它将横跨3个世纪，阿里巴巴必将是中国最伟大的公司之一。"

"至于能走多远，第一天的梦想很重要。阿里巴巴第一天出来就是要走 80 年。现在我们又有明确的目标出来，要做 102 年。这个世纪我想活 100 年，下个世纪我们再活 2 年。在 102 年之前任何一个时候我失败，就是我没有成功。"

做一个 102 年的大企业，阿里巴巴必须经历 3 个世纪。马云不仅要做一个商业王国，还要做一个屹立 3 个世纪不倒的大企业。要做 102 年企业的愿景，使阿里人不会做出急功近利的选择。

马云在阿里巴巴 5 周年庆典上说道："我们的目标、使命和价值观，是鼓励我们走下去的动力。我建议大家，从明天开始，把我们的 80 年的目标改为 102 年，成为中国最伟大、最独特、横跨 3 个世纪的公司。如果能活 102 年，就是我们最大的成功。阿里巴巴最大的成功不是我们有了诚信通、中国供应商，而是创造了伟大的公司。102 年的阿里巴巴我肯定看不到，到了那时，我 137 岁。我们可以把自己的孩子、孩子的孩子请到这里来，让他们今生无悔。"

2006 年，马云再次强调了要做 102 年企业的决心。马云说道："很多企业为了赚钱寻找机会，而我们为了 102 年这个目标，就研究全球具有 100 多年发展历史的企业及它们的体制与机制的组织力量。体制建设、文化建设、体系建设这些组织力量的建设是阿里巴巴和其他公司最大的区别。我们的绝对不是什么电子商务 B2B，而是财务部门、运营部门、执行层面的制度的建设，从员工的招聘培训成长到整套的体系建设。"

成为全球最大的电子商务服务提供商

阿里巴巴创办初期，没有电话也没有传真，只有一个在美国的 E-mail 地址。阿里巴巴不想告诉别人自己是中国公司，那样在全球化拓展过程中，大家会认定这是三流企业。但阿里巴巴一直在梦想改变这种状况，让中国的公司成为世界优秀公司的代名词。这个愿景也表现在阿里巴巴的企业文化中。

阿里巴巴提出要成为全球最大的电子商务服务提供商，需要付出巨大的努力，也许还需要一点运气，但并非完全不可能，这个愿景始终激励着阿里人不断前行。

坚定了信心的阿里人更有激情地投入到为实现企业愿景的奋斗中。在过去的 10 年里，阿里巴巴始终是在为中小企业服务，并为此引导和培育了中小企业进行电子商务的行为和环境，甚至可以说，阿里巴巴在一定程度上已经改变了企业间的传统商业模式。

可以说，阿里巴巴的愿景——成为全球最大的电子商务服务提供商，成为指引阿里团队的一面旗帜，使阿里人对自己在做的事有更深的认识，并愿意为之付出更多的努力。

打造全球最佳雇主公司

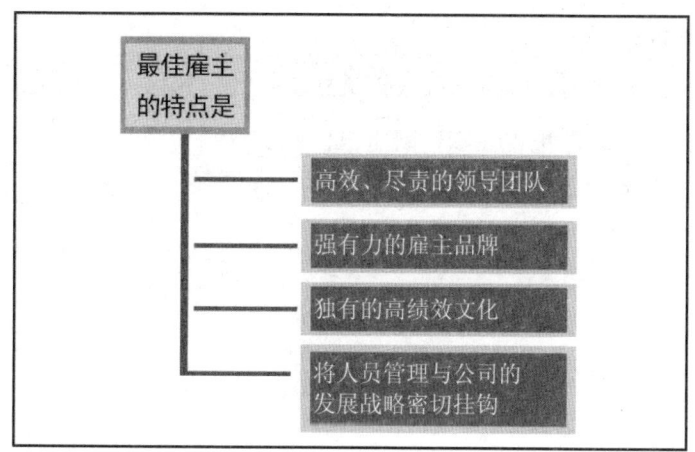

2005 年，阿里巴巴凭借员工"快乐工作"指数高被选为"CCTV中国年度最佳雇主"；2006 年又荣膺"中国大学生最佳雇主"。评委们认为，结合"快乐工作"的三个维度——成长感、成就感和归属感，根据企业员工数量和质量、员工培训的分量、企业目标与员工奋斗目标结合程度、收入分配在社会同行业中的状态、企业成长的速度和社会影响力的强弱、人力资源部门所运用的一些工作方法等多角度考核，阿里巴巴不管是在互联网行业还是在国内众多公司中都出类拔萃。

阿里巴巴希望能够成为青年人创业、成长、发展的最佳平台，培养出"四大天王、八大金刚、四十罗汉、一百零八太保"，每个人都可以独当一面。马云表示："我希望能给全国乃至全世界的企业培养总裁、副总裁，这样才能把阿里巴巴打造成一个全世界伟大的、由中国人创造的公司。"

2008 年，基于对中国经济未来 10 年的信心，阿里巴巴定下未来10 年的目标：成为全世界最大的电子商务服务提供商，打造全球最佳雇主公司。

2014 年 8 月，零点指标数据最新出炉的《2014 年中国大学生最佳雇主 TOP50》报告显示，阿里巴巴以高支持率位居榜首，一跃取代 2013 年的雇主冠军微软，成为大学生心目中最被认可的"好老板"。

淘宝：超越沃尔玛

被马云当作秘密武器的淘宝，在 2003 年 7 月破茧而出时，却几乎不被人看好。当时中国的 C2C 市场已是易趣一家独大，淘宝更被易趣的收购者 eBay 时任 CEO 惠特曼预言"会在 18 个月内夭折"。甚至，马云到美国路演，谈到淘宝，基金经理都表示不看好，其中一人站起来，一言不发出门而去。片刻之后，他又打开门回来，对马云说了一句话："eBay will win（eBay 会赢）。"

结果，淘宝只用 3 年就让当年所有的质疑销声匿迹。2005 年，淘宝正式超越 eBay 易趣，成为中国网购市场领导者。

曾有人问马云，阿里巴巴最大的对手是谁，马云不假思索地表示："是沃尔玛。阿里巴巴干的事情其实与沃尔玛有相似之处。"

2007 年，时任淘宝总裁的孙彤宇在接受《南都周刊》采访时表示，他曾设计过，"在第一天做淘宝网的时候，我们希望 3 ~ 5 年以内超过中国的沃尔玛，10 年以内能够超过全世界的沃尔玛。而现在，淘宝网用了 3 年半的时间，已经超过了中国沃尔玛。"淘宝 2006 年全年交易总额突破 169 亿元，这一数字超过易初莲花（100 亿元）、沃尔玛（99.3 亿元）各自在华的全年营业额。

沃尔玛通过整合整条供应链向下游消费者提供具体的有形产品服务，对整条供应链的有效管理使得沃尔玛有更大的主控权，而其形成的经济体也更有竞争力。现在 B2B、B2C、C2C 三种形态趋向合并，沃尔玛进军中国的 B2C 电子商务领域，淘宝不得不面对这个全球化的商业巨兽。马云认为："沃尔玛也迟早会挪到网上，所以，两者的争斗当然不可避免。"

为了及早应对挑战，阿里巴巴决定用 B2C 的形式打通 B2B（阿里巴巴）和 C2C（淘宝网）的界限，发展网上零售。

按照阿里巴巴的设想，如果把阿里巴巴的买家和卖家引到拍卖网站淘宝，让这些卖家把产品批发给下面的消费者，这就是 B2C 的一种模式，但这种模式迄今还没有人做过。在此之前，eBay 已显露出通过将 C2C 客户转化成 B2B 客户，转而进入 B2B 市场的雄心。"这对我很有启发。"马云说。

淘宝在 2007 年年初提出了 "2008 年成交额突破 1000 亿人民币" 的目标。2009 年 1 月 13 日，淘宝网对外宣布：2008 年淘宝年交易额为 999.6 亿元，成为中国最大的综合卖场。与 2007 年的 433 亿元比较，同比增长了 131%。这一数字与之前外界预测的淘宝过千亿年交易额擦肩而过，而 0.4 亿元只不过是淘宝交易高峰期 1 个小时的成交量。分析师认为，这与 2008 年频繁发生的特殊事件有关。从年初的南方大雪，到 5 月份的汶川地震，再到 8 月的奥运会，网购交易受限于物流无法达成，影响了 100 亿元的网购成交。

2008 年，马云说道："前几天我们整个集团做了一个非常重要的决定：在未来 5 年，在保持淘宝原有预算一分钱不少的前提下，再追加 20 亿人民币投资。"

阿里巴巴集团对淘宝的期望是：把淘宝打造成为全世界最大的电子商务公司，5 年内超越 eBay 全球、亚马逊，10 年内超越沃尔玛全球。"让沃尔玛后悔中国产生这样一个淘宝，当初怎么没有和它合作。"马云在淘宝 5 周年庆典仪式上说道，"20 世纪的 IT 是为制造业服务的，同质化、规模化培育出沃尔玛这样的巨无霸形态；这个世纪的IT是为消费者服务的，个性化服务、按需定制必然成为主流。而且网购消费者在未来几年将继续飞速增长。

阿里巴巴坚信中国的互联网用户一定会超过5亿到6亿,而那时,每一天会有1亿到2亿的人进入淘宝，世界上哪一个商场能够实现这样的规模？所以马云很自豪地对沃尔玛全球的高层讲：增加1万个买家需要买巨大的地，需要买很多的设备，需要很多的仓储，而我们只需要增加一台电脑就可以了。

截至2012年11月30日，淘宝和天猫的交易额突破1万亿元。2013年，淘宝"双十一"当天的销售额就高达350.19亿元。

第五章

企业文化灌输

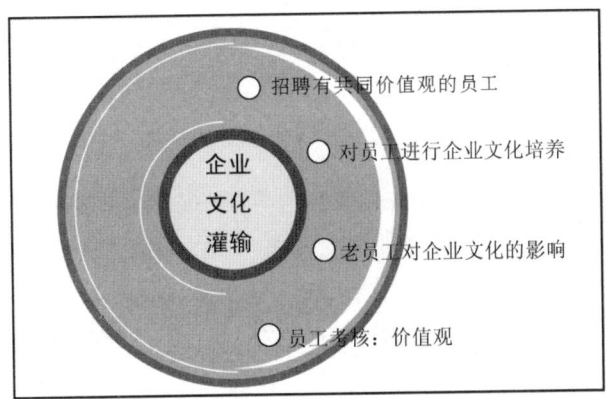

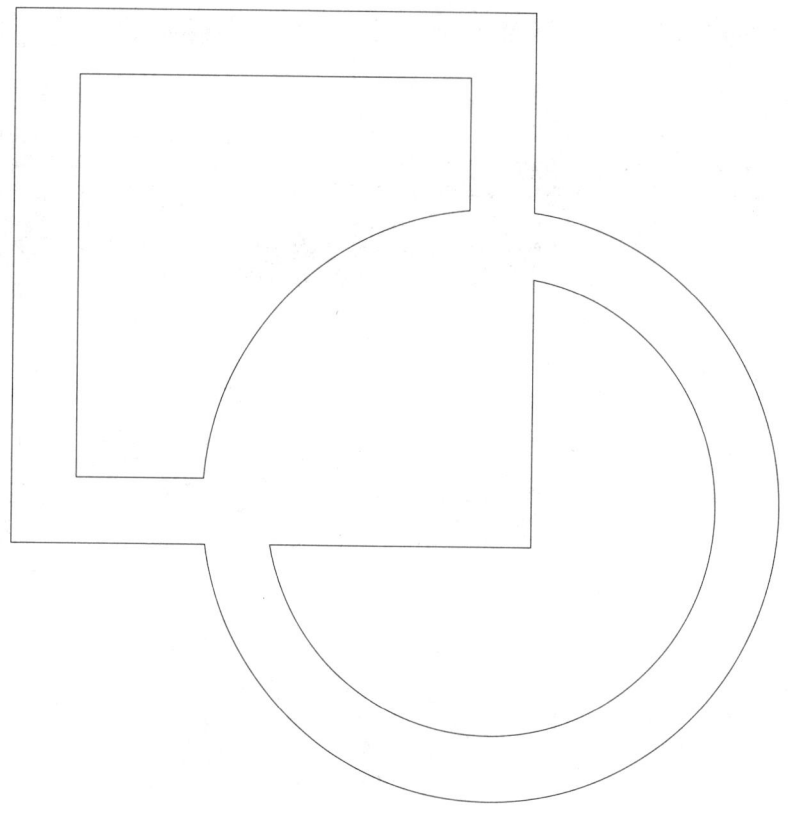

ALIBABA

哈佛商学院著名教授约翰·科特在《企业文化与经营业绩》一书中提出，企业文化对企业长期经营业绩有着重大的作用，在下个 10 年内企业文化很可能成为决定企业兴衰的关键因素。马云对此深信不疑。然而，进行企业文化的渗透不是一件易事。成功的企业都特别注重企业文化的落地，而不仅仅作为墙壁上的口号那样流于形式。

领导者建立了企业文化以后，就要在企业的日常经营管理活动中大力向全体员工灌输企业的价值观，让员工用价值观指导自己的工作。具体地灌输企业文化可以从以下几点出发：首先，将企业的文化与用人标准结合起来。为达到这一点，企业在招聘面试过程中，应该选择对企业文化认同较高的人员。其次，将企业文化的要求贯穿于企业培训之中，将企业价值观念在职业培训或者非职业培训中不经意地传达给员工，并潜移默化地影响员工的行为。再次，将企业文化的要求融入员工的考核与评价中，对企业价值观的解释通过各种行为规范来进行，通过鼓励或者反对某种行为，达到诠释企业价值观的目的，从而形成核心能力，建立在市场竞争中特有的竞争优势。

阿里巴巴的高层领导坚持不懈地将公司的价值观化为整个企业的行动，做到众人所瞩目，尽人皆知。通过塑造价值观，激发员工的激情和干劲；又通过具体细节的严格要求，向员工直接灌输价值观。而且，阿里巴巴将价值观作为考核一个员工的很重要的指标。考察制度的纵坐标是业绩，横坐标是价值观。按照马云的话说，"只要不是价值观出问题，公司可以培训他，但是价值观不行，那是'格杀勿论'，也可以说价值观是公司的'高压线'，谁碰谁死！"

招聘有共同价值观的员工

通过招聘，遴选"同道中人"。"道不同不相为谋"。通过招聘可从源头筛选出潜在的"易感人群"和"同道者"，为企业文化获得认同打下第一层基础。只有企业和员工的价值观"性相近""习相投"，才有相互融合的基础，进而也才更容易相互认同。

应聘者在摩托罗拉公司进行面试时，摩托罗拉会故意问你几个难堪的问题，如结婚否？啥时要小孩？男朋友标准？你乐意性开放吗？如果应聘者以问题为个人隐私为由拒答，摩托罗拉就会持赞赏态度，他们认为这些应聘者不会因个人的眼前利益而屈服压力。有个性，有尊严，表现在工作上就会少受诱惑，坚持原则，始终以公司利益为先。

IBM 公司充分尊重员工个性，同时也承认人性中不可避免会有弱点。他们不信任一个自称没有缺点的人，也不欣赏一个不敢承认自己缺点的人，因此对于面试题的回答，应聘者不说自己的缺点或将缺点"技术处理"为优点的人，将会被 IBM 毫不手软地予以排除。

通用公司会将应聘者分为两组，开展"木板过河"游戏比赛，内容为每组有一个"病人"需要送到"河"对岸，要求用手中的木板搭成"桥"将"病人"送到河对岸，谁先送到"河"对岸则录用谁。实际上"桥"的长度不可能达到"河"对岸。公司设计此考题的目的就是观察此两组应聘者是否有团队意识，因为只有当两组木板合并起来才能过"河"，如果两组应聘者都只想着自己过"河"，则没有达到公司所应具备的人才要求，都将不予录用。

根据阿里巴巴的招聘程序，一般新员工都要经过主管业务部门、人力资源部门、主管副总裁等几道面试才能正式入职。这几道面试最核心的问题就是"看人"。

阿里巴巴人力资源及行政部资深副总裁邓康明说："你再有经验，能力再强，如果在价值观层面上与公司不符，就不太可能进来，或进来后很难有进一步的发展。""我们吸引新员工加入依然是共同创业的愿景。每个人都有不同的价值观，作为一个有使命感的企业，怎么让员工从心里来认同企业文化或企业的价值观和使命感，为一个共同的目标去创业，去奋斗，而不仅仅是把工作当成一种职业或养家糊口的地方，这非常重要。"由此可见，招聘时，价值观是阿里巴巴所重视考查的。

对阿里巴巴来讲，有共同价值观和企业文化的员工是最大的财富。马云说道："我觉得人才进入我们公司以后，必须要认同我们的文化，认同我们的理想。只要他不认同我们公司的目标——要做102年——或者认为，最好102年上市以后，大家分手就走。算了，这些人就不应该让他们进来。"

价值观决定一个人看待事物的标准。如果一个人的价值观与企业提倡的价值观有很大差别，就很难融入企业的整体氛围。也就是说，如果企业在选人时，没有充分考虑人才的价值取向问题，那就很难指望被招聘的人会为公司出贡献。如果企业雇佣的人在价值观上与企业文化不相符，那他就会认为企业所从事的事业不值得，那企业还怎么能希望他把该做的事做好呢？马云说道："中国企业很少说使命感、价值观、理想、共同目标，而国外企业讲得最多的就是使命感和价值观。谁都知道现在的阿里巴巴公司，有一个汇聚世界精英的团队，但是，平时我们在用人上，'精英'却不是首选，甚至连第二都排不上。我们选的是对公司的价值观有认同感的人。"

阿里巴巴在招聘销售人员时，会有两个标准：一是一两年工作经验；二是其价值观是否符合"客户第一""团队合作""拥抱变化"、"诚信""激情"和"敬业"的"六脉神剑"精神。

阿里巴巴人力资源及行政部资深副总裁邓康明表示，阿里巴巴选人，不是要求对方有几年销售经验，有多少客户数，或者某一个行业有多少关系在里面。"在面试方面、在选人方法我们已经有所取舍，所以选进来的人，跟我们'六脉神剑'已经靠谱了。"

在阿里巴巴创办的时候就负责公司人力资源的彭蕾在接受《全球商业》采访时说："我们在招聘的环节中就在确认他的价值观是否符合标准，否则对公司和员工都是不负责任的。在招聘的时候我们会有一些问卷，来确认他的行为，以及做一些选择、一些判断的时候的想法。比如说我们会问他，你在某某公司期间，你最佩服的同事是谁。如果直截了当地问他，你在那边人缘好不好啊，这个问题太直白，他可能会选择对他最有利的一种回答。但是我们会问他，当时跟你配合最好的人是谁，配合最不好的人是谁。对于这些问题，他很难去掩饰他的真实想法。"

"也不是说这些问题有标准的答案，只是看那个时候，那个职位的具体需求。并不是说他回答得面面俱到我们就要他了，我会看他原来工作的团队怎样。如果他工作的团队都不是很透明、很开放的环境，别人对他有很多微词，那是把他放错了地方，可能放在阿里巴巴这个环境就没有这个问题了。"

邓康明说："比如说激情。激情是我们阿里巴巴的关键。激情里边有一个表现方式，就是遇到困难不放弃，所以面试的时候我们就关注这个问题：有没有遇到困难，遇到困难你是怎么反应的、怎么去解决，等等，所以在面试方面、在选人方面我们已经有所取舍，所以选进来的人，跟我们'六脉神剑'已经靠谱了。"

对员工进行企业文化培养

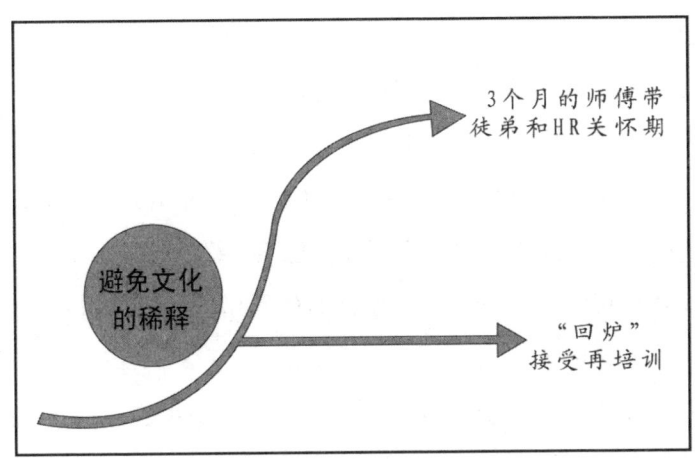

IBM 有着极其出色的员工培训体系。在 IBM 公司的新员工培训中流行着这样一句话："无论你进 IBM 时是什么颜色，经过培训，最后都会变成蓝色。"这意味着，每一名进入 IBM 的员工都会在经过培训后，接受 IBM 统一的价值观。将"蓝色血液"注入所有"新蓝"的思维中，让他们成为真正的"蓝色精灵"，成为"蓝色军团"的一部分。

联想集团在企业文化培训方面可以说走在中国企业的前列。联想认为，企业有血型，符合这个血型的人，可以成为联想的员工；不符合这个血型的人，联想与之无缘。"血型"也就是联想的企业文化。联想对每一个新人都精雕细琢，希望他不仅适应岗位的要求，而且能够认同联想的企业文化。而文化认同的"同化过程"，主要是经过

"入模子"实现的。

阿里巴巴 B2B 前总裁卫哲说:"价值观再好,这么多新员工的加入,也会面临企业文化被稀释的问题。我们希望通过培训,使企业文化被稀释得少一点,然后再慢慢恢复过来。"为了解决这个难题,阿里巴巴特意为新员工设置 3 个月的师傅带徒弟和 HR 关怀期,而在入职 6 ~ 12 个月的时候还可以选择"回炉"接受再培训。

为了更好地贯彻企业文化,阿里巴巴还设置了大量的人力资源岗位,虽然这大大增加了企业成本,但阿里巴巴管理层认为这是非常必要的,因为人力资本和物资资本是不一样的。人是资本而不是成本,企业可以通过对人进行投资而使其增值并且创造新的价值,从而加强组织的能力,并实现股东价值。

阿里巴巴人力资源及行政部资深副总裁邓康明说:"在阿里巴巴我们可能花 3 个月时间来培养这些人(新员工),其中有 1 个月真的是关起来,封闭起来培训的。这个投入很大。而且是从全国各地飞到杭州,一定要来到杭州,哪怕你是新疆招的人也要飞到杭州参加 1 个月封闭的培训,培训完之后再回当地去。"

2007 年一年,整个阿里巴巴公司在业务成长上面的压力很大,加上在业务管理方面,事业部和区域的重新区划带来新的压力,在 3 ~ 5 个月内,管理层不自觉地更关注业务和适应新的管理体制,企业文化层面就自然地精力分配要少一些。

这种情况引起了马云和阿里巴巴 B2B 前总裁卫哲的重视,在两人的过问下,B2B 部门制定了"休养生息"的政策。所谓休养生息,就是控制时间不要让员工太累,同时加强企业文化培训,充充电,缓一缓,加强优秀企业文化案例的表彰和推广。其主要内容有:

第一，3 个月内，公司不再强调指标，而是谈业务流程的改善，谈如何提高效率。

第二，在 7 月份把派到全国各地组建分公司的员工全部拉回杭州，做一些 party，多交流。

第三，在工作量中拿出一些时间给员工做一些培训。

第四，要求管理层以身作则，不能把员工周末休息的时间用来开会。

阿里巴巴公司结合公司特色，时刻注重培养公司的文化氛围，对员工进行培训，使阿里巴巴公司的企业文化没有因为公司的快速扩张而被稀释，使阿里巴巴在激烈的市场竞争中脱颖而出。

老员工对企业文化的影响

从某种意义上说，文化传承关乎阿里巴巴的兴亡。阿里巴巴高速成长在中国企业界和网络界都是非常典型的。文化的稀释成为阿里巴巴的潜在危机。阿里巴巴从 18 人扩张到 200 人只用了一年多的时间；从 200 人扩张到 2000 人，只用了 3 年时间，3 年员工人数翻了 10 倍；而现在的阿里巴巴员工已经过万。这样的情况下，怎样让阿里巴巴的企业文化能坚持下去呢？只有在日常工作中重视贯彻企业文化，通过老员工传递下来。老员工在日常工作中的言传身教是对阿里巴巴最大的贡献。

阿里巴巴创业元老彭翼捷说："文化危机也不可怕。老员工传递下来非常重要，这是老员工的责任。言传身教是对阿里巴巴最大的贡献。"

企业文化的传播过程是企业文化实践过程中最为重要的环节。当一位企业员工认同了企业文化,就应该鼓励员工像传教士一样传播企业文化,通过言传身教,影响周围的人。要相信口碑的力量、相信文化的力量。传播企业文化是一个日积月累的过程,真正做到的结果是企业文化将坚不可摧,成为企业永续经营和品牌建设的强大基石。

员工考核:价值观

被誉为"经营之神"的松下幸之助说:"如果你犯了错,但却态度诚恳,公司会宽恕你,把这当作是一笔学费;但如果你背离了公司的价值规范,就会受到严厉的批评,甚至被解雇。"

被誉为"世界第一CEO"的杰克·韦尔奇认为:"对每个人做评估,除了看他们的绩效有没有达到指标外,还要考察他的价值观是否与公司的价值观吻合。一种情况是,通过对照财务效绩,达标了,行为取向、价值观与公司的符合,公司就给升级。另一种就是效绩没达标,与公司的价值观不相符,对员工也很恶劣,总是偷偷摸摸的,不诚实,那就请走人。上面提到的这两种人都很容易处理。而还有一种人,没能达到财务指标,但他与公司的价值观相符合,对于这些人,应给他们重新调配工作,把他们放在不同的环境给他们一些机会。最后一种人是能够杀死一家公司的那种,这类人能够达到绩效指标,但是他们的价值观和公司的价值观不相吻合。现实证明,很多公司是接受了这些能达到绩效指标但素质很差的经理，造成一个公司价值观最终的崩溃。这种人是造成企业灭亡的罪魁祸首。"

从 1991 年开始，GE 便开始对经理们的"无边界"行为进行打分，根据同级经理和上级的意见，每一位都给予高、中、低三档的评价。1992 年，这种评价就在实践中得到了体现。有 4 名经理，因为行为不符合"无边界"的理念而遭免职。韦尔奇自己也感觉到：当他宣布有人是因为缺乏"无边界"行为而被解雇时，"无边界"理念才开始真正地深入人心。

同样，在阿里巴巴，价值观是一个天条，任何违反者都将会被开除。

阿里巴巴这个年轻的公司用一个金字塔来表述他们的价值观。在价值观的最上层是客户，他们把客户第一作为价值观中的第一位；而对于团队，他们在第二层中用团队精神和拥抱变化来表达自己的理念；最底层的是对于团队中个人的要求，他们要求团队的个人具有诚信、激情和敬业三个要素。自从这价值观被建立以后，马云和所有高层一直在不遗余力地推广。对于违反价值观的现象，阿里巴巴则不惜代价地进行惩罚。

在马云的思维里，对于"野狗"，无论其业绩多好，都要坚决清除；"小白兔"会被逐渐淘汰掉；只有"猎犬"才是阿里巴巴需要的。马云说道："在阿里巴巴公司的平时考核中，业绩很好，价值观特别差，也就是，每年销售可以卖得特别高，但是他根本不讲究团队精神，不讲究质量服务。这些人我们叫'野狗'。杀！我们毫不手软地杀掉它，因为，这些人对团队造成的伤害是非常大的。"

马云说道："我们公司是每半年一次评估。评下来，虽然你的工作很努力，也很出色，但你就是最后一个，非常对不起，你就得离开。在两个人和两百人之间，我只能选择对两个人残酷。"

不只是对普通员工，马云对阿里巴巴公司的创办者"十八罗汉"也是同样的态度。马云很严肃地告诫大家："虽然你是 Founder（创始人），是股东，但公司也可以不聘请你；如果你业绩不佳，也不一定能在管理岗位上做下去。当然你可以享受投资回报。""很多企业说归说，做归做。阿里巴巴也说，但我们有一个铁的纪律，就是如果违背这一条，不管他是谁，他都得离开这个公司。我们在这个里面开除了好几个，那时候我们一个月的营业额最多也就十几万元，我记得我们开除过一个人，虽然他那个月营业额 8 万块钱，还是得开除他，没有办法。我们说你业绩可以不好，但是违背价值观是一定要开掉的，不管他是谁，而且这是一个天条。"

至今，在阿里巴巴，新人们仍然会反复听到两个广为传播的案例：

一个是关于"客户第一"的。阿里巴巴有一个业务员将山东一个三线城市的房地产商发展为"中国供应商"。尽管它给阿里巴巴带来了 6 位数的收入，但阿里巴巴仍然把钱退给客户，并对员工进行了处理。阿里巴巴 B2B 前总裁卫哲的分析很有道理："为什么说把客户利益放在第一位？如果按照股东的利益这个钱该收。但是，按照客户利益第一的原则，阿里巴巴这样做就是在欺骗客户！阿里巴巴根本就无法把房子卖到全世界。这显然是业务员夸大了阿里巴巴的能力。"

另外一个是关于诚信的。在一次业务知识考试中，阿里巴巴发现包括一个广东的区域经理在内的几个业务员的试卷答案一模一样，存在明显的舞弊问题。对于一贯强调诚信的阿里巴巴来说，这是触碰了高压线。阿里巴巴立即将舞弊者全部开除。

阿里巴巴的文化和价值观又是如何考核的呢？阿里巴巴 B2B 前总裁卫哲在接受《中欧商业评论》采访时说道："我们的六大价值观，根据不同的岗位，每个价值观有 5 个表现形式，每个形式 1 分，从最低的开始，通关制打分。最简单的，一个人的电话响了，他人不在，旁边的人帮他接，算 1 分，就这么简单。"

"打分怎么打？大家互相举例，所以有人开玩笑说，在阿里巴巴，每天都要记录好人好事。按照我们的说法，价值观没有天生的，绝大部分是后天训练出来的。很多公司没有意识到，价值观需要重新训练。连我都在接受阿里巴巴文化和价值观的训练，这不是学习，学习太轻松了。"

"不能说跨国公司就没有文化和价值观。比如说诚信，对不诚信的行为会有很多的处罚措施，但我以前在百安居，更多的是看事情对公司财务和各方面的影响，而在阿里巴巴，有一些事情犯一次就必须被开除。"

"我们有两条高压线，一个是诚信，一个是客户第一，这跟是否造成损失没有关系。所以说阿里巴巴的六大价值观，两条是高压线，四条是用来弘扬的。只有这样处理才能树立起真正的客户第一，才能知道什么叫诚信。"

阿里巴巴人力总监戴珊的心得是——"一定要培养明星员工，踢出'小白兔'和'野狗'。"2006 年 6 月 25 日，在上海交通大学安泰管理学院，戴珊为 300 余名销售人员上了一堂生动的课，在讲座中她说："白兔是很肯干，价值观符合企业要求，但出不了业绩。对这类员工，不能心慈手软。很多时候，因为他们的态度好而总是放任，造成的恶果是：明星员工得到的关注度不够，产生不良情绪。而对低业绩的姑息，从另一个角度打击了明星员工的积极性。这是非常危险的短视行为。对那些抢单、私下给对方回扣，或者乱开折扣等不符合企业价值观的行为，阿里巴巴非常反感。哪怕业绩再好，销售额1个亿，阿里巴巴也会毫不留恋地请他走人。"

为了增强企业竞争力，企业的管理者需要从公司的利益出发，引导员工认同企业价值观，培养员工的责任感和忠诚度，由敬业到精业，提高工作效率，具备团队合作意识。

对20%认同公司的核心价值观，又成绩优异的员工，要不断提拔；

对70%认同公司的核心价值观，但能力不足的员工，要进行培养；

对10%不认同公司的核心价值观，并且动摇公司的核心价值观的员工，必须走人。

链接 1

海尔的企业文化培训

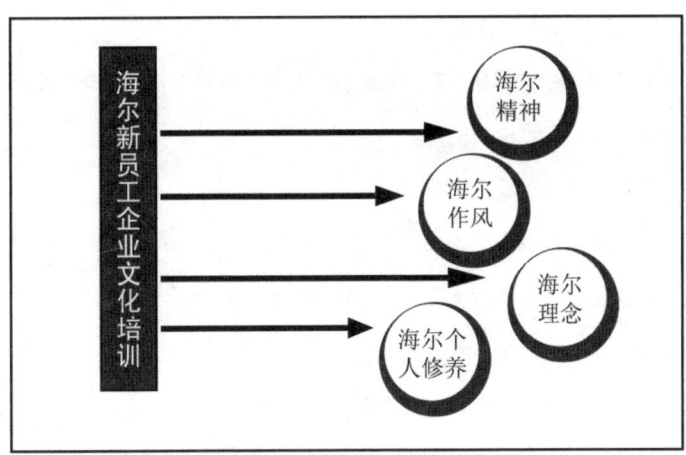

海尔对新员工采取企业文化培训的目的在于：

让新员工熟知企业文化。

认同企业领导人创新的价值观。

充分实现个人的价值与追求。

海尔新员工企业文化培训包括海尔企业文化：海尔精神、海尔作风、海尔理念和海尔个人修养 4 个部分。

1.海尔企业文化

海尔文化以观念创新为先导，以战略创新为方向，以组织创新为保障，以技术创新为手段，以市场创新为目标，伴随着海尔从无到有、从小到大、从大到强、从中国走向世界，海尔文化本身也在不断创新、发展。

当前，海尔的目标是创中国的世界名牌，为民族争光。

2.海尔精神、海尔作风

海尔精神——敬业报国，追求卓越。

敬业报国的核心思想是中国传统文化的"忠"。"忠"就是回报：海尔人就是要用最好的产品与服务来回报用户，用最好的效益回报社会、回报国家。"忠"就是真诚：对用户、对社会海尔真诚到永远。

追求卓越的核心思想是创新。追求卓越表现了海尔人永不自满、永远进取、永远创新的生生不息的精神境界。

海尔作风——迅速反应，马上行动。

海尔作风体现了海尔人的市场观念：海尔为用户着想，对用户真诚，快速排除用户烦恼到零。以迅速快捷的速度对待市场，绝不对市场说不。

3.海尔理念

生存理念：永远战战兢兢，永远如履薄冰。

用人理念：人人是人才，赛马不相马。能够翻多大跟头，给搭建多大舞台。

质量理念：优秀的产品是优秀的人干出来的。

营销理念：先卖信誉，后卖产品。

市场竞争理念：打价值战不打价格战。

4.海尔人个人修养

宠辱不惊，自强不息。

得意不忘形，失意不失态。

慎终如始，则无败事。

胜人者有力，自胜者强。

链接 2

海尔企业文化测试题

姓名：   成绩：

填空题：

1.海尔精神是：_____

2.海尔作风是：_____

3.海尔第二个战略发展阶段是：_____

4.海尔在创世界名牌的三部曲是：_____

5.海尔的质量理念是：_____

6.海尔发展的动力和源泉是：_____

7.海尔生存的理念是：_____

8.海尔发展的主题：_____

9.海尔市场竞争理念是：_____

10.海尔创新的目标：_____

选择题：（请在正确的括号内打"√"）

1.海尔在名牌战略发展阶段的主要抓了哪几项工作？

a.质量（ ）b.产量（ ）c.基础管理（ ）

2.海尔核心的价值观是：

a.物质文化（　）b.制度文化（　）c.创新精神（　）。

3.海尔服务理念是：

a.创造用户感动（　）b.用户永远是对的（　）

c.您的满意就是我们服务的标准（　）

d."一票到底"的流程和"一站到位"的服务（　）

4.海尔创新的原则是：

a.创造有价值的订单（　）b.创造性地破坏（　）

c.创造性地模仿和借鉴（　）

思考案例：5斤鸡蛋的的故事

2002年12月25日，圣诞节的早晨，北京电视技术研究所电子服务部，电热器具售后服务人员宋建军外出洽谈业务。这天天寒地冻。踩着深深的积雪，他想起一位不久前认识的海尔产品的用户：家住西四北大街北二条38号一位85岁高龄老人与她60多岁女儿。

原来，老太太买了一台海尔微波炉，但是用过几天有些功能键就忘记怎样操作了，三番五次，宋建军就是这样与老太太结上了缘。"今天的大雪，老太太多不方便呀。"想到这，宋建军买了蔬菜和5斤鸡蛋看望老人，与老人聊天。故事传开，北京电视台"特别关注"节目做了专题报道。

思考题：至少以3个海尔文化理念诠释，为什么要创造用户的感动。

ALIBABA

第六章

"文化运动"

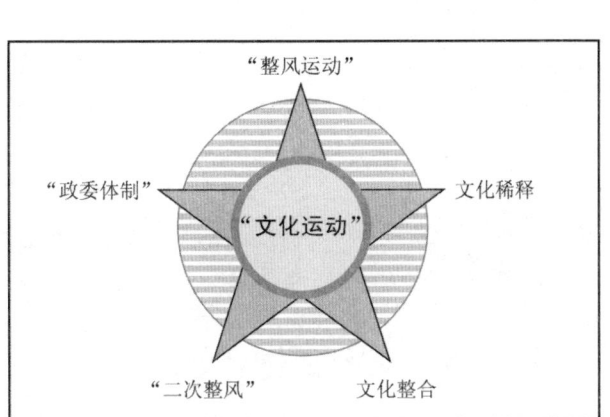

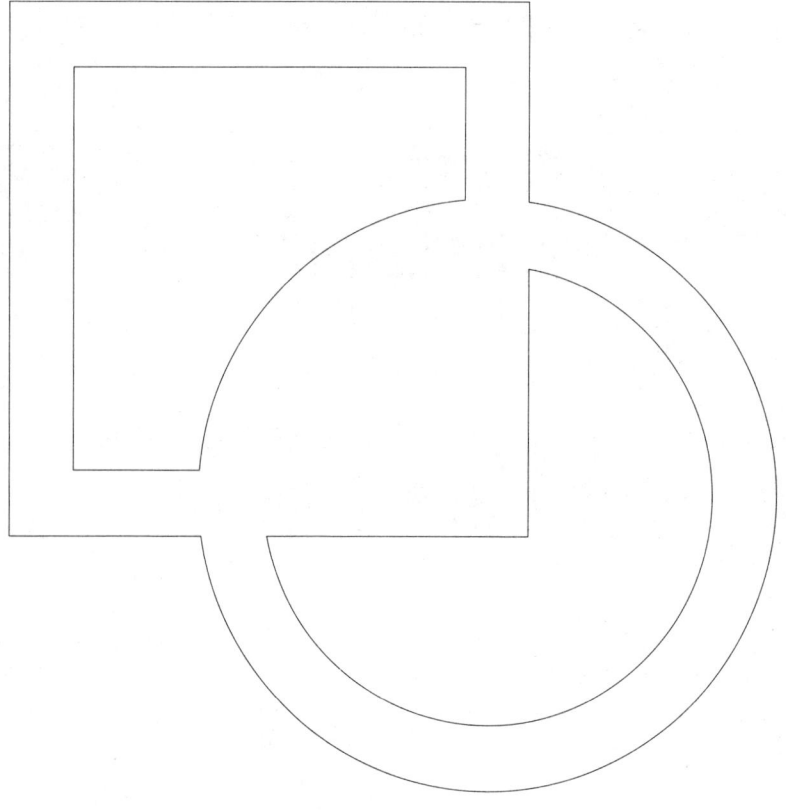

ALIBABA

对于任何一个快速成长的企业，企业文化的维持都是一个挑战。对于阿里巴巴而言，企业文化再好，也肯定是会被稀释的。如果企业文化培训做得好，能够一下子被稀释得少一点，再慢慢地恢复过来。

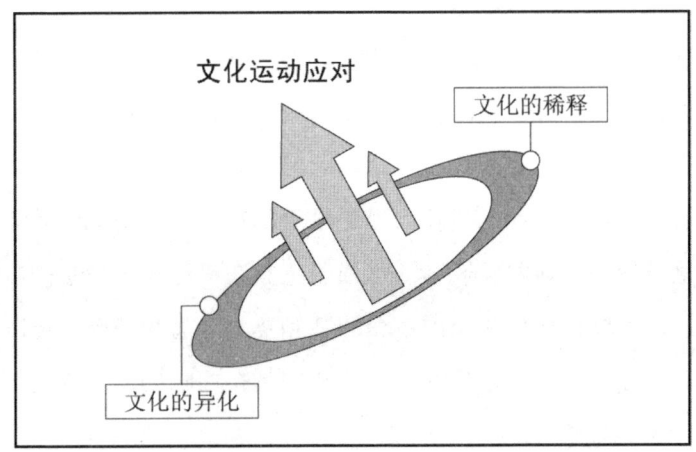

"空降兵"的加入，企业员工人数的极度扩充，新员工与老员工的理念冲突，不可避免地派生出一个最令马云头痛的问题——文化的稀释与异化。由于新的外源文化填充进来，使阿里巴巴的企业文化呈现杂乱、多元、复合的形态。文化的传承与延续，是阿里巴巴继续前行的动力源泉。阿里巴巴如何培育自己的文化基因，并将之固化凝铸继而存续传承，这是一项含糊不得的长期工程。阿里巴巴不担心股份被稀释，而是担心阿里巴巴的文化被稀释。

"整风运动"

1935 年遵义会议以后，历史上"左"倾机会主义的影响尚未彻底清算，主观主义、宗派主义、党八股还存在，大批新党员又带来了非马克思主义的思想作风。这些问题妨碍党的正确路线的贯彻执行，妨碍全党干部和党员政治思想水平的提高，于是毛泽东主持开展了整风运动。延安整风运动加强了全党在毛泽东思想基础上的团结统一，为抗日战争和全国革命的胜利奠定了思想基础。可以说整风运动就是一次统一思想的运动。特别是在面临的形势比较严峻的时候，统一思想就更加迫切了。

有人说，毛泽东军事思想是专门为弱者提供的战胜强者的思想武器。有了这个思想武器，当一个人意识到自己极端弱小的那一刻，他就开始强大起来。而当一个企业处于极端不利的环境时，实际上占据了最有利的地形。阿里巴巴在互联网的冬天也借助于这个思想武器，让企业转危为安。阿里巴巴认为，"毛氏运动"对于企业管理变革而言是最为有效的。

2000 年，第一届"西湖论剑"过后，阿里巴巴宣布公司进入了高危状态，并马上召开了"汪庄会议"，内部又称为"遵义会议"。主要原因是因为阿里巴巴"内部声音很杂"。最大的分歧，是公司的方向之争。香港员工建议改型公司，并偏重于走电子商务的交易，以中华网为模板，为别的公司建设大网站。他们称，虽然 China.com 自己赚钱并不多，但是华尔街却很是看好，而阿里巴巴应该迎合他们。

美国的员工则认为要发展技术平台，发展电子商务解决方案为大企业解决交易的问题。"中国香港、美国两地的员工各有想法，总部这边就傻眼了。"回过头来看会发现，如果不开"汪庄会议"，阿里巴巴的权利会彻底不能把握了。幸运的是阿里巴巴提前了半年，如果这帮人去跟董事会沟通，阿里巴巴的前途就没有了。

2001 年，阿里巴巴开展了"整风运动"。当时，阿里巴巴公司的员工规模是 120 人，马云就说道："公司（发展）最黄金的时候是二三十个人的时候，大家有充分的沟通，在一个房间里面讨论交流，所有问题很快被解决掉。最痛苦的时候可能是在 80 到 120 个人之间。确实我们在 80 到 120 人的时候公司经历了最大的痛苦，那是在 2000 年到 2001 年之间，我们非常痛苦。全世界各地的员工进来了，各种各样（不同）的 Vision，各种各样（不同）的 Target，各种各样（不同）的目标，各种各样不同的思想，弄得我们最难受，但是后来我们渡过了（这次危机）。"

阿里巴巴之所以当初那么混乱，公司内部声音很杂，其中一个原因就是因为阿里巴巴当初没有一个很明确的价值观和使命感。阿里巴巴认为要通过价值观和使命感去统一思想。

所有世界 500 强的企业，讲来讲去就是这两点：价值和使命。宋朝的梁山好汉一百零八将，他们有一个共同的价值观就是江湖义气，无论发生什么事都是兄弟。这样的价值观让他们团结在一起。一百零八将的使命就是替天行道。但是由于他们没有一个共同的目标，导致后来宋江认为他应该投降，李逵认为他们打打杀杀挺好的，还有些认为衙门不抓他们就很好了，到后来梁山组织崩溃掉了。所以一定要重视目标、使命和价值观。这是阿里巴巴 2001 年开展"整风运动"的原因。

公司要有价值观和使命感，第一要统一思想，就像在延安小知识分子觉得革命是对的，农家子弟觉得革命是对的。什么是阿里巴巴共同的目标？三大点：要做 80 年持续发展的企业、成为世界十大网站、只要是商人都要用阿里巴巴。阿里巴巴告诉员工：如果认为我们是疯子请离开；如果专等上市请离开，阿里巴巴要做 80 年的企业。当目标被确定下来之后，在当时环境浮躁很严重的时候，大家心里一下子就安静下来了，这时候阿里巴巴有一些员工就离开了。

在湖畔时代，阿里巴巴靠的是激情。然而，当队伍大了之后，激情已无法保持阿里巴巴企业文化及价值观的统一和延续，何况是一群哈佛、耶鲁的毕业生在听马云这个杭州师范学院的毕业生讲呢！

2001 年，关明生加入阿里巴巴后，将阿里巴巴的价值观总结为 9 条：群策群力、教学相长、质量、简易、激情、开放、创新、专注、服务与尊重。

这是阿里巴巴第一次将自己的价值观明确提出来，马云称之为"独孤九剑"。马云说："阿里巴巴以'延安整风运动'来统一价值观、统一理想。通过运动，把跟我们没有共同价值观、没有共同使命感的人，统统开除出我们公司。"

"整风运动"使阿里巴巴成为中国第一个盈利的网站，使阿里巴巴正式从一个创业型公司走向了经营型公司。一句话，它使阿里巴巴活了下来，而且在中国的网络公司里开始处于领先地位。

文化稀释

坊间一直有传阿里巴巴喜欢给新人"洗脑"的说法。阿里巴巴人力资源及行政部资深副总裁邓康明表示，一个成长型的企业，处于一个新兴的行业里，思想的统一性与文化的统一性是必需的。邓康明在接受《深圳特区报》采访时说道，"我们从来没把自己看成是一个高科技型企业，我们自认为是一个劳动密集型的服务企业。我们这样的企业最重要的就是人，以及人与人的互动中产生的文化"。所以，他强调说，对于阿里巴巴建立起来的企业文化价值观，"每一个进来的人应该是添砖加瓦，而不是稀释"。

然而，随着"空降兵"的加入，员工人数的极度扩充，新员工与老员工的理念冲突，不可避免地派生出一个最令阿里巴巴头痛的问题——文化的稀释与异化。

2003 年 9 月，阿里巴巴的员工已经扩张到了 1100 人。这时的马云感觉到公司文化稀释的问题。马云说道："现在我觉得公司又进入了另外一个非常艰难(的时期)。我看过很多公司发展历程，1200 名(员工)到 2000 名（员工）之间是一个公司是否能够真正成为一个伟大公司的一个很大的门槛。公司高度的成长，我们创造的文化是不是能够延续下去？我们是不是能够完善我们的服务，完善我们的管理？是不是能够迎接未来真正的挑战？大致在这个时候，公司会出现管理的混乱、理念的混乱，各种各样的事情都会发生，而这个高危期已经快接近了。"

"1100 名员工并不可怕，因为我们会有 11000 名员工，我们也会有 101000 名员工，一定会的。但是如果不做好 1100 名员工的整个管理思想、服务理念、价值观体系……我们确实可能度不过 2000 个员工（的发展阶段）。"

2004 年 9 月 10 日，阿里巴巴 5 周年庆典，又加上乔迁之喜，可谓双喜临门。马云在阿里巴巴公司新址创业大厦，为阿里巴巴 5 周年庆典做了演讲．他说道："记得 1998 年年底，在长城上，我们发誓：要创建让中国感到骄傲、让全世界感到骄傲的公司；我也想到了宝宝（阿里巴巴一创业者的名字）回杭州的时候，湖畔花园家徒四壁，我还记得那时候他打电话给我，说因为没有空调，'手很冷'；然后到第一次融资，我们搬到华星（大厦）。当时我第一次担心，怕（华星大厦的）阿里巴巴不是（湖畔花园的）阿里巴巴。我怕我们失去了在湖畔（花园）时的（创业）精神。但是我们在华星（大厦），很好地保留了当时的文化。昨天我回到公司，发现了楼下一大排的出租车，这让我想起了在华星（大厦），每天晚上到一两点的时候，都有许多出租车司机在外边等。所有杭州的（出租车）司机都知道，阿里巴巴再晚还是有人在那儿工作。但是现在，我又开始担心了，创业大厦比华星（大厦）更豪华，阿里巴巴会不会变化？我们的旗还能举多久？"

马云指出，在 2006 年，阿里巴巴的价值观提得少了，干部很多时候把价值观作为考核员工的工具，而不是检查自己思想的东西，价值观不是真正从心里面出来的。

2007 年，马云说他看到很多干部出现官僚主义，虽然不是普遍现象，但具体的事情很多。

马云还看到干部离客户的距离远了，因为这一年马云收到了很多客户的来信。马云说道：

这些信让我在反思，是不是公司大了，我们确实应该离客户远一点。我们公司还不大，我们公司才5000人，我们会到10万人，会到15万人。（阿里巴巴）现在才是8年的公司，我们还有94年要走。

在2007年阿里巴巴的年会上，马云甚至略带伤感地说："我越来越寂寞。原来创业的时候，我们平时还会找周末时间下下棋，打打牌。我知道大家都忙，但从背后和深层次来看，我们之间的感情在稀释。"

马云真正担心的不是感情的稀释，而是阿里巴巴安身立命的价值观被稀释。

文化整合

国内外市场的激烈竞争和企业之间的兼并是当代世界经济的主要现象之一，这也必然产生不同类型、不同文化彼此撞击的现象。重组后的企业迫切需要提高自己的内部凝聚力和外部竞争力，从而谋求在新形势下的生存和发展。为了实现这一目标，企业需要对企业文化进行整合。

在阿里巴巴与雅虎中国的收购案进行的前一个月，阿里巴巴成立了专门的整合小组。马云为整合小组定的基调是：整合小组人员要低调进入雅虎中国，在整合过程中处于协调和帮助的角色；每个小组成员的责任是发现雅虎中国的人才，并帮助他们顺利了解阿里巴巴。

在与雅虎的整合中，企业文化的整合被放在了最重要的地位，高过了业务。阿里巴巴人力资源及行政部资深副总裁邓康明认为，对于阿里巴巴团队来说，文化方面若和阿里巴巴的价值观有冲突，不管能力多强，都要离开。"我们要让他们了解阿里巴巴的价值观，知道什么可以做、什么不能做。"

为了让雅虎中国与阿里巴巴更好地融合，阿里巴巴决定请600多位决定留下来的雅虎中国的员工亲自到阿里巴巴去看看。"整个活动策划非常复杂。"邓康明举例，"公司为雅虎员工的此次探望召开了专门的讨论会，甚至讨论雅虎的员工从北京赶到杭州时，接待他们的早餐是包子还是面包。马云还下达死命令：不谈业务，只要'感情'。"

阿里巴巴与雅虎中国整合后，继续以"伟大使命"鼓动员工。马云说："这些梦想我们从来没有改变，我希望你们也没有改变。未来，我们会发展得更快，因为有了雅虎的加入，特别是雅虎中国600名员工的加入。我相信在一年内中国互联网将发生巨大的变化，这个变化一定是由阿里军团带领产生的。"

经过努力，雅虎中国的高层管理团队身上开始出现阿里巴巴人的特征：对未来充满理想主义，喜欢描绘未来远景，做事当机立断并且充满激情。雅虎中国的领导层表示，现在中国雅虎每个员工的目标都非常明确，公司做事流程也简化了，他们雄心勃勃正"准备在工作中彻底释放自己的能量和热情"。

长江商学院副院长李秀娟对阿里巴巴表示了赞赏："将员工团结在同一个目标之下，并赋予其使命感，让员工参与进来，这是并购整合后调动员工的最佳做法。"

"二次整风"

当 2005 年阿里巴巴收购了雅虎中国，并获得了 10 亿美元的投资之后，马云又下令进行一次新的整风运动，以应对文化稀释。

当时，阿里巴巴旗下的淘宝与 eBay 易趣正处于酣战之中。即使在当时的情况下，对马云来说，内部是第一位的。马云关注对手，但是更关注内部。

2005 年 11 月 2 日，阿里巴巴突然宣布公司开始整风。其原因是阿里巴巴还很年轻，阿里巴巴这几年越来越受到外界的关注，对于公司的年轻人来说，这不是一件好事。阿里巴巴要走的路还很长，要走 102 年，还有 96 年，过早在聚光灯里被照射，在这么大的荣誉光环底下，是一件很危险的事情。

2005 年是阿里巴巴非常受外界关注的一年。阿里巴巴这一年为什么受这么大的关注？因为阿里巴巴收购了雅虎中国。所以在这样的情况下阿里巴巴要求大家保持高度冷静。马云认为，阿里巴巴不是因为自身做得好，而是因为阿里巴巴的运气好，也是因为这个时代，各种各样其他的因素才有阿里巴巴今天的成功，所以马云希望大家冷静下来长远地看。

马云表示："无论在国外，还是国内，我们都是"悄悄进村"，迅速抢占全球市场，迅速在全球电子商务领域树立品牌。然而，在收购雅虎中国之后，我们在荣誉面前突然有点手足无措了。"

在阿里巴巴看来，他旗下的这一支平均年龄仅为 26 岁的团队，在面临收购雅虎中国如此之大的荣耀的时候，一定会有人自我膨胀。而这种现象，正是阿里巴巴的使命——"让天下没有难做的生意"最大的敌人。阿里巴巴在整合雅虎中国的同时也在整风。马云认为，阿里巴巴的对手很强大。

对于马云来说，隐忧是，阿里巴巴与雅虎中国合并之后，微软、Google、新浪、搜狐、网易、腾讯通通把阿里巴巴当成了对手。马云说道："我们做事情再也不像以前那么顺利了。我们受关注以后（必须）要提升组织能力，提升专业技术，（提升）对全球化的把握。大家要冷静地看待自己，冷静地判断外面的局势，因为这个世界并没有好到我们可以'跳舞'的时候，还没有好到我们可以'欢歌笑语'的时候。我们已经有了一系列的措施在实施，所以我最近也特别忙，都在忙着公司明年（2006 年战略）怎么弄猜想。今年（2005 年）是雅虎（中国）和阿里巴巴的整合，明年是淘宝的战略调整。"

阿里巴巴的一名创业元老在接受《南风窗》采访时这样评价："有很多员工认为，这是否会成为周期性的整风。其实不然。马云是一个高度现实的理想主义者。他开始这次整风最大可能是因为他看到了公司内部存在一种风气，他想的，无非是要改变这种风气而已。同时他还是个敏锐的人，他看到了一些苗头，这些苗头他认为是可怕的，是会影响我们的，因此他行动了。"

"政委体制"

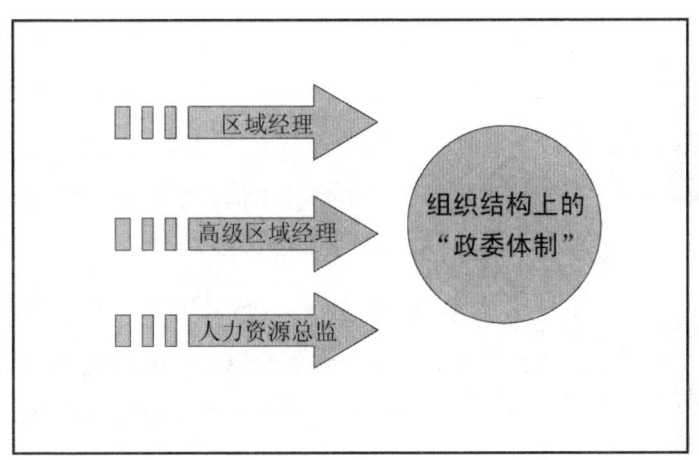

　　阿里巴巴借鉴军队的管理经验建立了自己的"政委体系"。2005年的两部军事题材连续剧《历史的天空》和《亮剑》，引起了马云的极大兴趣。《历史的天空》演绎了人民军队从小到大的快速发展过程中，能打枪、懂政策的政委张京普如何把有匪气的姜大牙雕琢成将军的故事。这两部电视剧给马云很大启发。他喜欢用红军历史来比照阿里巴巴的发展——阿里巴巴实际上正处在要走出根据地，步入快速发展的阶段。

　　马云说道："前些天，我组织公司的一些高层看《历史的天空》。这是一部很好的电视剧，讲述了一个农民如何逐步成长为将军的故事。主人公姜大牙一开始几乎是个土匪，但是通过不断学习、实践，不仅学会了游击战、大规模作战、机械化作战，而且还融入了自己的创新，最终成为一个百战百胜的将军。与众多的中小企业一样，阿里巴巴也希望员工像姜大牙一样，不断改造，不断学习，还要不断创新，这样企业才能持续成长。"

马云专门买了几十张 DVD 发给总监一级的阿里巴巴管理层，要求他们仔细学习电视剧《历史的天空》中政委张京普"打磨璞玉"的本领。政委是政治思想的执行者，政委主要负责掌握部队工作的政治方向和部队战士的政治思想辅导工作。政委是具有中国特色的、人民解放军部队领导序列中的一个特殊职位。不论在战争年代还是和平年代，政委的作用就是保证党对军队的绝对领导。

事实上，2004 年年底，阿里巴巴打算在 B2B 部门的一线销售团队中，派出既懂业务，又代表公司政策和担负价值观宣导的人力资源专员，以保证在阿里巴巴企业层级增多、跨区域发展成为趋势的情况下，在一线员工中保证价值观的传承，同时在业务和人力资源培养方面提供更快捷的支持。这套做法实际上就是电视剧里政委的作用。所以这套人力资源管理系统最终被改名为"政委体系"。

阿里巴巴人力资源及行政部资深副总裁邓康明在接受《深圳特区报》采访时介绍说："司令和政委的职责略有侧重，司令负责决策什么时间、用什么方式采取什么策略，政委是要理解这些策略，然后在人力资源组织方面怎么去匹配这个策略，以及团队的士气是不是足够支撑我们攻占这个高地。政委没有太多的权力去干涉司令的业务决定，但政委要在这个决策下帮助司令，说我们的组织能力行不行，整个队伍是不是充满了高昂的士气，是不是有心态上的不足。"

"政委体系"从组织结构上分三层，最基层的称为"小政委"，分布在具体的城市区域，与区域经理搭档；往上一层是与高级区域经理搭档；再往上直接到了阿里巴巴网站的人力资源总监。

阿里巴巴人力资源总监、工会主席吴航介绍道："'小政委'能够更加深入业务部门，了解业务部门内容和其策略。了解了业务部门的内容后，从业务部门需求出发，制定符合他们的人力资源策略，使业务部门从真正意义上成为人力资源战略伙伴，而人力资源部在集团的战略地位也得到凸现。"

2008 年，阿里巴巴人力资源总监朱岭在接受媒体采访时说道："我们的'政委体系'也就是为了能够深化我们的价值观，深化我们的文化而设计的。所以我们配备了相当多的人力资源。"

阿里巴巴的"政委"和员工的比例高达 1∶40，是一般跨国企业 HR 与员工总数比的 2 倍多。这是特定时间和阶段下的比例，尤其在高速成长的时候，是真正需要实现人力资源和战略先行的阶段。

政委体系对于阿里巴巴正处于高速扩张期的 B2B 业务显得尤其重要。政委体系的作用体现在政委和业务非常贴近，对业务非常熟悉，是拿枪打仗的，而不是指挥做政治工作的。这样有利于了解市场，能够在第一线就地支持招聘数量和培训质量问题。

第七章

团队文化

ALIBABA

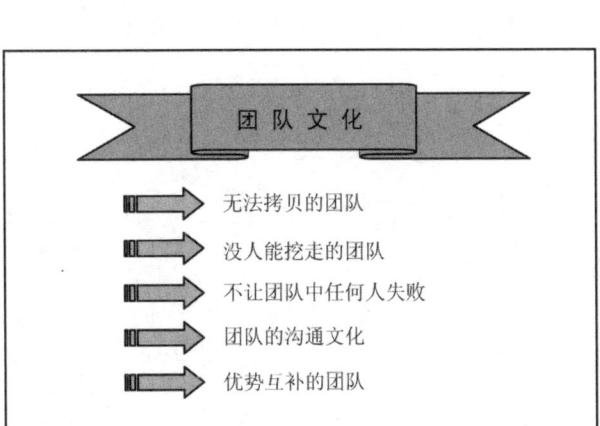

团 队 文 化

无法拷贝的团队

没人能挖走的团队

不让团队中任何人失败

团队的沟通文化

优势互补的团队

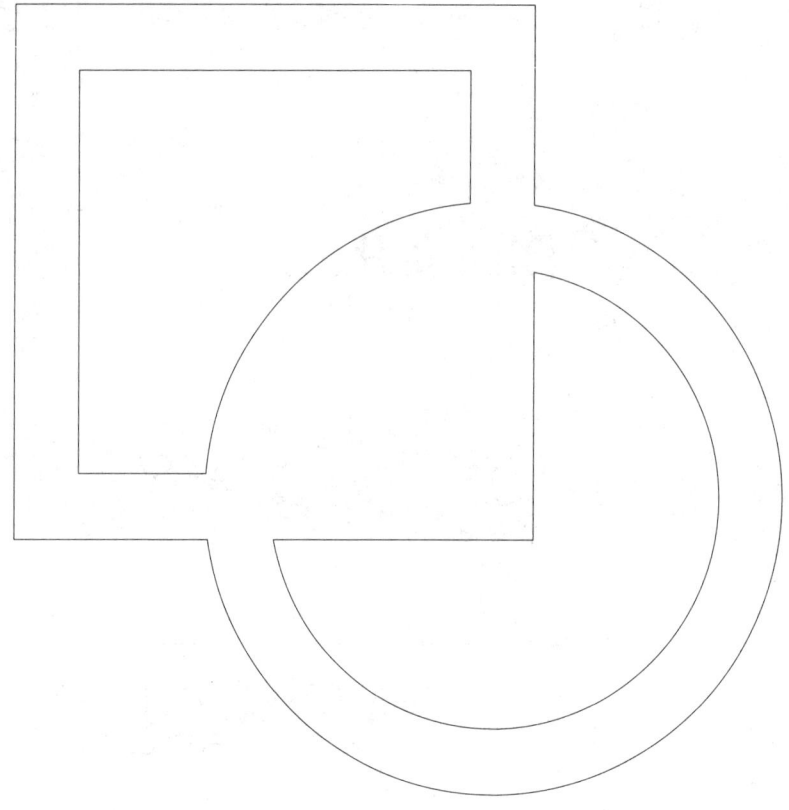

ALIBABA

一支高效团队有什么特征呢？美国著名的管理学教授、组织行为学的权威斯蒂芬·罗宾斯（1994）认为它具有以下 8 个基本特征：一是明确的目标；二是相关的技能；三是相互间信任；四是共同的诺言；五是良好的沟通；六是谈判的技能；七是合适的领导；八是内部与外部的支持。既包括内部合理的基础结构，也包括外部给予必要的资源条件。

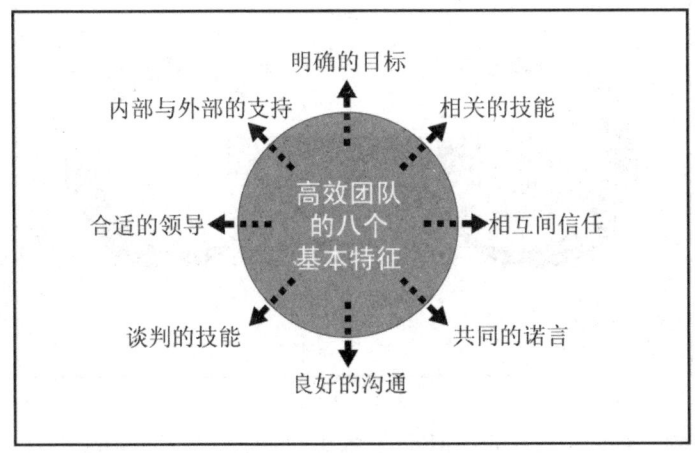

战国时，秦王问一个大臣："秦国人比齐国人怎么样？"大臣说："一个人和一个人比，秦国人不如齐国人；一国人比一国人，齐国人不如秦国人。"最后秦国战胜了比自己强大的齐国，靠的就是团队的力量。

无法拷贝的团队

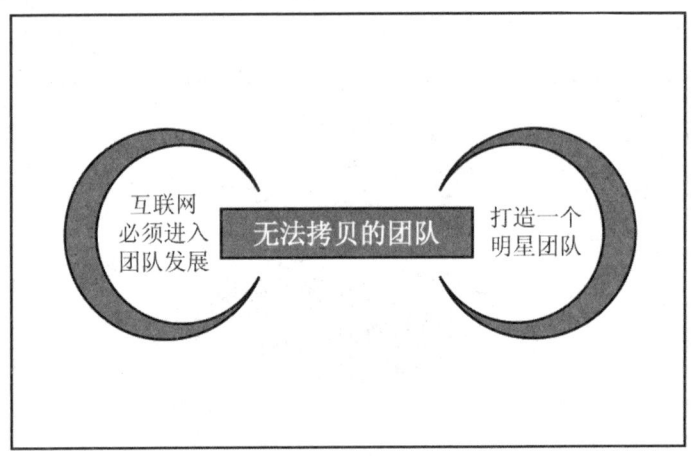

有人将阿里巴巴的成功归于本土自起而非舶来品的 B2B 模式，有人将阿里巴巴的成功归于它土生土长于中小企业的温床浙江，有人将阿里巴巴的成功归于它困难时期风险投资者一轮又一轮的支持。但借鉴了 B2B 的盈利模式，挖掘了中小企业的市场，引入了风投们的资金，阿里巴巴就可以复制了吗？不能。没有人可以忽视阿里巴巴成功最为关键的因素：背后深藏不露的团队，以及形成这种不可复制的形态的内在聚合力。还在创业之初马云就说过："竞争对手能够拷贝我们的网站，但是无法拷贝我们的文化，无法拷贝我们的团队。凭借我们富有创业精神的团队，即使所有的机器毁于一旦，我们也能够在最短的时间内重建阿里巴巴。"

阿里巴巴公司是靠团队打天下的。打造团队是阿里巴巴的重中之重，其分量远远超过了为企业的发展融资找钱。打造团队并非一时一地的工作，而是一个持续的过程，可以说阿里巴巴的团队打造伴随了阿里巴巴企业发展的全过程。阿里巴巴创业 10 余年的最大的成果，不仅是开创了成功的电子商务平台，在中国市场上战胜了 eBay 易趣，也不仅仅是在香港成功上市，最重要的是锻造了一支国际一流的"梦之队"。马云从不认为自己是阿里巴巴唯一的英雄。他说："互联网必须结束个人英雄时代，必须进入团队发展。"马云认为，一个成长型企业成功的一个原则是：打造一个明星团队，而不只是拥有明星领导人。

如马云所说，别人是无法拷贝阿里巴巴的团队的。正是团队使对未来还有些迷惑的阿里人有了勇气坚持阿里巴巴的模式创新。马云说："互联网业务是需要所有人齐心协力打出来的，没有人可以在互联网公司按部就班，互联网公司需要跨部门的配合，要靠团队力量。"

这支团队之中高手云集，人才济济，团结且富有激情，团队的实力足以横行天下。阿里巴巴正是靠着这支团队，在电子商务上所向披靡。

没人能挖走的团队

在中国不缺少"创投"的人，也不缺少创业的思想和想法，缺乏的是一个团队的建设，建立起良好的团队。阿里巴巴对自己的团队十分自豪。马云曾说："我最骄傲的是我们的人，其次是我们的投资者，最不骄傲的是我们的网站。"

创业几年，阿里巴巴公司里面的员工很少有人提出要跳槽去别的公司，也有公司愿意出 3 倍的工资挖阿里巴巴的员工，但员工不为所动。对此马云风趣地说："同志们，3 倍我看就算了，如果 5 倍还可以考虑一下。"

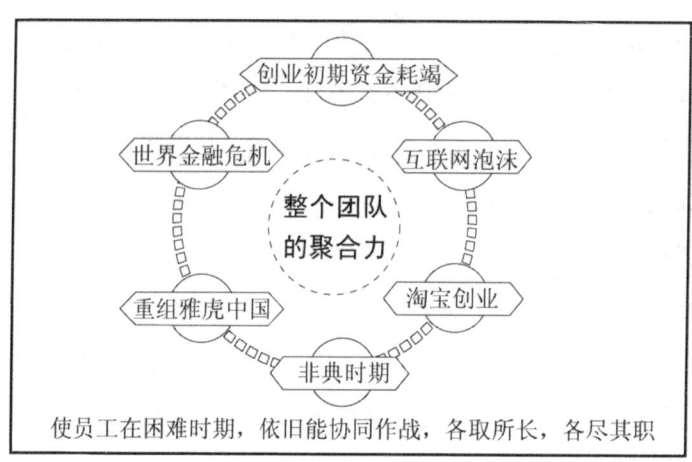

创业初期资金耗竭

互联网泡沫

世界金融危机

整个团队
的聚合力

淘宝创业

重组雅虎中国

非典时期

使员工在困难时期，依旧能协同作战，各取所长，各尽其职

"天下没有人能挖走我的团队"，正是基于阿里巴巴牢不可破的文化"壁垒"，马云如是说。"整个文化形成这样的时候，人就很难被挖走了。这就像在一个空气很新鲜的土地上生存的人，你突然把他放在一个污浊的空气里面，工资再高，他过两天还会跑回来。"

尽管阿里巴巴这个团队的绝大部分人，拿着国内同行业中下水平的工资（在杭州处于中等），却有着职场人士对职责少见的忠诚、幸福感和向心力。马云说："我感谢我们团队的配合，在最困难的时候大家都是很团结的，因为困难的时候大家不团结死得更快；我也感谢团队在公司最好的时候他们还是一样。"

在阿里巴巴，尽管变化频繁换岗换位犹如走马灯，但阿里人都会以公司大局为重，令人动容，所有这些没有团队文化的支撑是做不到的。

阿里巴巴的销售人员都是从零做起的。筚路蓝缕，艰苦卓绝，多少心血，多少屈辱，好不容易打下一块地盘，客户有了，人脉有了，资源有了，队伍有了，但很快被调到一个新区域，一块未开垦的处女地，一切都得从头开始，有的撇家舍业，有的举家迁移，但他们居然毫无怨言，居然不计较利益，这就是团队文化的力量。

阿里巴巴整个团队的聚合力使阿里巴巴的员工在资金耗竭、互联网泡沫、淘宝创业、"非典"、重组雅虎中国、世界金融危机等困难时期，依旧能协同作战，各取所长，各尽其职，使阿里巴巴能够持续发展。

不让团队中任何人失败

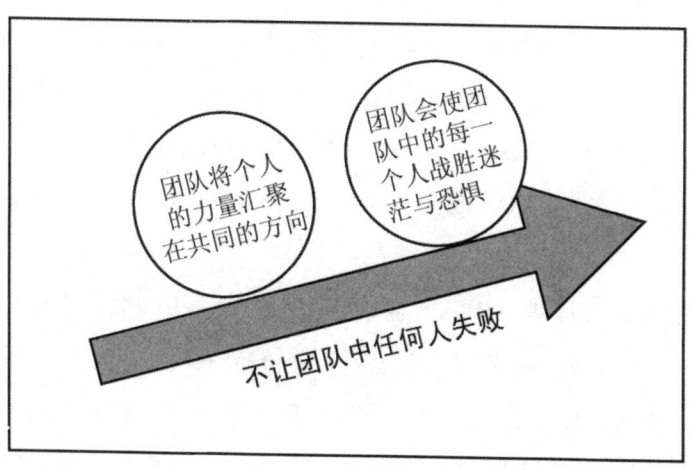

大雁是出色的空中旅行家。在长途迁徙中，雁群的队伍组织得十分严密，它们常常排成"人"字形或"一"字形。它们一边飞着，

还不断发出"嘎、嘎"的叫声。大雁的这种叫声起到互相照顾、呼唤、起飞和停歇等的信号作用。那么，大雁保持严格的整齐的队形即排成"人"或"一"字形又是为了什么呢？原来，这种队伍在飞行时可以省力。最前面的大雁拍打几下翅膀，会产生一股上升气流，后面的雁紧紧跟着，可以利用这股气流，飞得更快、更省力。这样，一只跟着一只，大雁群自然排成整齐的"人"字形或"一"字形。当带头的雁疲倦了，它会退回队伍，由另一只取代它的位置。队伍中后面的大雁会以叫声鼓舞前面的伙伴继续前进。当有雁生病或是受伤时，雁群也不会遗弃它。它们会派出一只健康的大雁，陪伴掉队的同伴落到地上，一直等到它能继续飞行。

企业组织应该借鉴大雁团队这种不让团队中任何人掉队的团队精神。

马云在《赢在中国》节目中点评道："我觉得这场比赛确实比较难，因为 5 个人都是创业者，要把 5 个创业者，5 个都具有将来 CEO 特征的人，拼在一起做一个团队是不容易的，因为每个人都以自我为中心。所以我经常讲把 5 个 MBA 捆在一起做事业很难成功，因为每一个人都想当 CEO，每个人都有自己独特的观点，很少愿意帮助别人。"

"什么是团队呢？团队就是不要让另外一个人失败，不要让团队任何一个人失败。但在这个过程中，我们没有听见大家说，希望队长赢，希望 5 号（夏霓）赢，希望 1 号（韩小兵）赢。在整个比赛过程中，我观察到很多细节，我注意到大家说：'要是万一我上 PK 台，这个人拖着，我赢的可能性就不大。'这本身从一开始就错了。"

一个企业就是一个大集体，企业内的事业部、分公司也是大小不等的集体。管理活动的目的和行为都是为了保持集体的协调，维护集体的利益，充分发挥团体的力量，不让团队中的任何一个人掉队。不能整体合作的团体，许多个人的力量一定会被抵消浪费掉。个人即使格外努力，但是他们的努力不能有效地转化为团体的力量。只有当一个团体更能整体合作时，才会将个人的力量汇聚在共同的方向，发挥出团队最大的力量。

在阿里巴巴的一次会议上，马云用团队的存在来鼓舞士气，产生了很好的效果。他说："我说团队精神非常非常重要。往前冲的时候，失败了还有这个团队，还有一拨人互相支撑着，你有什么可恐惧的？今天，要你一个人出去闯，你是有点慌。你这个年龄现在在杭州找份工作，一个月3000多块钱你拿得到，但你就不会有今天这种干劲、这种闯劲，三五年后，你还会再找新工作。我觉得黑暗中大家一起摸索一起喊叫着往前冲，就什么都不慌了。十几个人手里拿着大刀，啊！啊！啊！向前冲，有什么好慌的，对不对？"

创业需要英雄，更需要团队。面对市场的瞬息变化，面对商场的残酷无情，任何英雄都会有软弱的时刻，而团队会使团队中的每一个人战胜迷茫与恐惧。阿里巴巴的团队成为阿里人的骄傲与战胜困境的力量源泉之一。

团队的沟通文化

在企业中，"是谁"比"是什么"更重要。公司中有人提出新构想，如果它是由老板提出的，每个人都会认真地考虑；如果它是由一个名不见经传的小职员提出的，最后可能被束之高阁，往往会使企业错失机遇或面临危机。面对这种问题，阿里巴巴的处理办法是强调沟通与理解，不管是同事之间还是上下级之间，光明正大地处理各种争执，将可能破坏团队稳定与团结的暗流消灭在萌芽之前。

沟通带来理解，理解会使合作更有效果。在阿里巴巴团队中，人们相处轻松愉悦，没有任何沟通障碍。

在阿里巴巴创业初期，各位创业元老争论的东西太多了。有的时候争论过了头，个人情绪化的问题都爆发了出来。为了避免因为这些争论影响团队的合作，阿里巴巴制定一个原则——简易，要非常简单。我对你有意见，我就应该找你，找到门口，谈两个小时，要么打一场，要么闹一场，我们俩把问题解决掉。如果你对我有意见，你不来找我，而是去找第三方的话，你就应该退出这个团队。随着阿里巴巴的不断发展，面对面的直接交流已不可能。为了保持整个团队的无障碍沟通，阿里巴巴充分利用了互联网的便利。

马云在一次演讲中这样说道："我们反对在内网上实行匿名制。我们倡导的是 open（开放）的文化。匿名制只会使人与人之间互相怀疑、猜测。他可以很不负责地说一些很不负责的话，或者他说的话是负责任的，但他又不愿意说他是谁或别人是谁，而使公司的员工都在猜测。阿里巴巴是所有员工的，是股东的也是我们会员的。我们没有什么话不可以说。现在我们开设了一个 open@alibaba-inc.com 的信箱，大家可以不落名。我们很欢迎大家来信，并且保证一定有答复。"

阿里巴巴非常简明。没有小的利益集团，没有利益集团的相互斗争。

阿里巴巴团队中的人们会一起工作、一起倒立，共同使用轻松幽默的武侠语言，一起在阿里巴巴的员工大会上为马云反串的白雪公主捧腹大笑。团队拥有共同的价值观和使命感，拥有相同的语言风格……这都是阿里巴巴团队沟通无障碍的保证。而团队的有效沟通也是阿里巴巴发展迅速的秘诀之一。

优势互补的团队

事实上，每个企业团队的人同其他地方的人一样，他们可能在某一两个领域非常聪明，但在其他方面——甚至关系到团队成功的方面——表现中庸，乃至低下。每个团队成员都有自己的强项弱项。而要使团队健康成长并发挥最大效应，就要注意团队成员的有效互补。

能力优势互补是指在企业的各部门中，不同学历、专业和经验的员工应当有一个合理的分布。现代企业的决策、经营管理、市场开拓等工作都是一些复杂的系统工程，需要多种知识和技能的横向联合。而在当今时代，任何一个人都不可能掌握众多的科学技术知识和生产技能，需要与不同专业的员工通力合作。

一个团队如果只是一些想法、做法一致的人，企业就很危险了，因为当一个人江郎才尽之时，周围的人并不能帮助他，因为他们的想法和做法都几乎是一个模式。所以一个团队一定要有想法、做法、教育、背景都不一样的互补型人。

马云认为，团队中要有各种类型的员工，这样才能形成优势互补，为企业的发展做出更多的贡献。马云曾这样说过：“好的公司就像一座动物园。动物园里有各种各样的动物，才能吸引游客，否则像养殖场一样单一饲养猪或者牛，就没有人来看了；好公司也一样，里面要有各色人种和人才，才能全面持续发展。”

阿里巴巴的团队是善于优势互补的团队。尽管阿里巴巴公司是电子商务领域非常出色的公司，但最高领导人马云其实不懂计算机技术，数学曾考过 1 分，正是他与其他元老的通力合作，才造就了阿里巴巴的今天。马云将自己不擅长的事情交由团队中的其他人去做。他将财务放心地交给了自己的同伴蔡崇信。事实上，不仅是蔡崇信，其他几位高管和马云配合得都非常默契。

只有把每一个人的力量结合起来，才能发挥其优势互补的作用。在阿里巴巴的团队中，马云的作用就像水泥，将众多大侠们黏合起来。马云表示：“如何让每一个人的才华真正地发挥作用？我们这就像拉车，如果有的人往这儿拉，有的人往那儿拉，互相之间自己先乱掉了。当你有一个傻瓜时，很傻的，你会很痛苦；你有 50 个傻瓜是最幸福的，吃饭、睡觉、上厕所排着队去的；你有一个聪明人时很带劲，你有 50 个聪明人实际上是最痛苦的，谁都不服谁。我在公司里的作用就像水泥，把许多优秀的人才黏合起来，使他们力气往一个地方使。”

链接

微软的团队文化

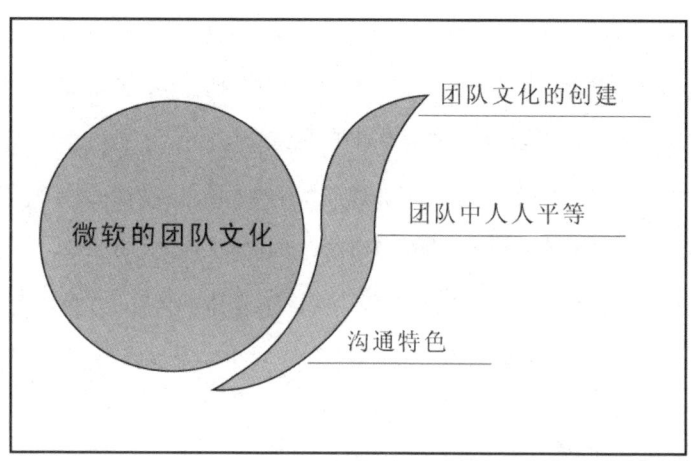

团队文化的创建

在当今瞬息万变的市场里，仅仅拥有各自为战的人才是远远不够的。公司需要高度的团队协作精神来使信息得到广泛的共享，让每一个员工的工作都可以"建立在大家共同努力的基础之上"。比尔·盖茨和他的微软公司能在今天称雄于软件王国，是与他打造的学习型的激情团队分不开的。微软最成功的不是做软件，而是建立团队。

什么是团队精神？微软公司的理解是：（1）一群人同心协力，集合大家的脑力，共同创造一项智能财产。（2）个人的创造力是一种神奇的东西，源自于潜在的人类心智潜能。（3）一群人全心全意地贡献自己的创造力，将结合成巨大的力量。（4）领导是人际互动的交响乐指挥，辅助并疏导各种微妙的人际沟通。（5）在团体中沟通顺畅能使思想在团队中充分交流传达，并形成最佳效果。（6）倘若忽视了"团队精神"，则只会有平庸的成果。

对于一个集体、一个公司，甚至一个国家，团队精神都是非常重要的。以特殊的团队精神著称的微软公司，在做某产品研发时，有30多名开发工程师和测试人员参与，写出了5000万行代码。如果没有高度统一的团队精神，没有全部参与者的默契与分工合作，没有一个强有力的团队协作，研发工程是根本不可能完成的，微软事业的成功推进是不可想象的。

微软拥有很高的士气，每个员工都非常专精地坚守他们自己的岗位，为自己的工作负责。除此之外，微软能够透过许多方式提高员工的士气，譬如，微软的会议都是以非常轻松和幽默的方式来进行，微软也经常公开表扬绩效卓越的员工，并给予他们更多股票作为奖赏。

团队中人人平等

现代企业的竞争就是团队间的竞争，就是团队协作能力的竞争。因此微软从创业之初就注重高效团队的打造。团队中人人平等的观念是微软团队的一个特色。

经理是授权的领导者，但微软的文化同时鼓励没有授权的领导者。在微软，员工们没有级别之分，他们的所有工作都是分团队进行的。以项目小组的形式来开发电脑软件是由微软首创的。公司需要的文化并非一团和气，而是平等又充满争论的团队文化。在思想的交锋中产生创新的火花，在不同视角的争辩中创造最独特完美的产品，这是合作精神在微软产品项目小组中的体现。

在微软任何一个项目小组中，都流传着这样一句名言：没有永远的领导与员工。领导与员工在一起，不仅是一起工作，更是在一起分享成功与失败、快乐与悲伤。开放的环境形成了开明的领导风气。程序经理是微软最早发明的角色，然而程序经理不是经理，而是没有授权的领导者。这些没有授权的领导者不仅塑造了一种健康的文化，还把经理人员从团队的内部管理中解放出来，使他们有更多的精力从外部世界寻求新的资源、机会与合作。

沟通特色

在微软的历史上，公司随时都面临严峻的竞争和挑战。竞争迫使每个开发团队全力以赴专注于产品的开发和创新，逐渐地人们习惯了一种诚实、客观、开放和富有建设性的交流方式。

每过一两周，程序员都有机会和他们的经理沟通，坦诚地交流自己的想法、工作中和团队中的问题，以及个人的发展。微软内部有一条成文的规矩，如果程序员想换个产品组发展，他的经理不得阻拦，重要的是设法让他留在微软。

在沟通方面，微软人认为，交流是沟通的核心，是解决问题的有效途径以及团队精神的体现。在微软，沟通方式有 E-mail、电话、个别讨论等，而"白板文化"是最典型的。"白板文化"是指在微软的办公室、会议室甚至休息室都有专门可供书写的白板，以便随时记录，有什么问题都可及时沟通，及时解决。

（摘编自《团队精神：微软的企业文化》，作者：李慧波，来源：经济日报）

第八章

企业宗旨与伦理

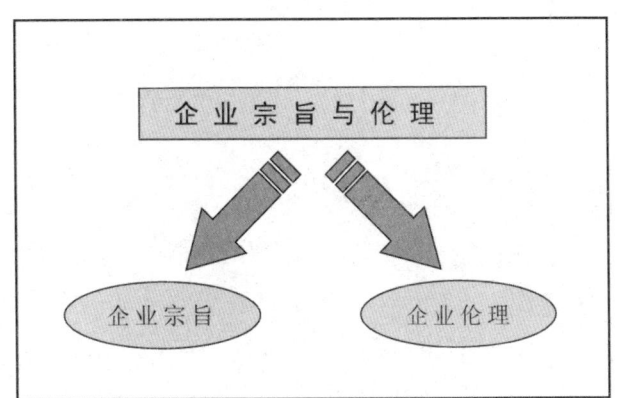

ALIBABA

企业伦理是企业文化建设的重要方面，有助于维护企业的经营秩序。企业伦理观念是美国 20 世纪 70 年代提出的，随后，日本也开始对企业伦理问题进行研究。而我国对企业伦理的认识与研究尚处于起步阶段。

企业宗旨不仅陈述了企业未来的任务，而且要阐明为什么要完成这个任务以及完成任务的行为规范是什么。因此，企业的宗旨陈述应该包括以下基本内容：

1. 企业形成和存在的基本目的。这一内容提出了企业的价值观念，企业的基本社会责任和期望在某方面对社会的贡献。2. 为实现根本目的应从事的经营活动的范围。3. 企业在经营活动中的基本行为规则和原则。

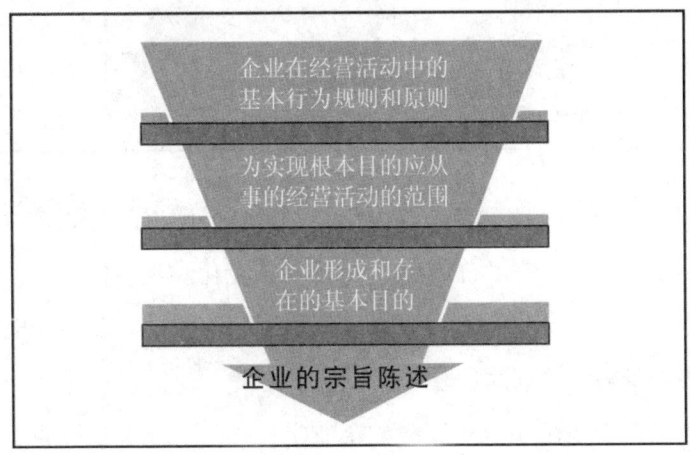

企业宗旨

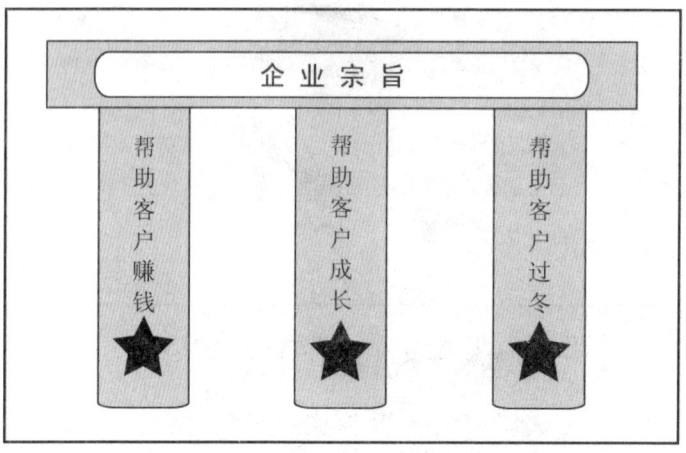

阿里巴巴的企业宗旨是为中小企业服务。阿里巴巴的客户就是中小企业。马云称，由于传统生产重视工业化和规模化，各种资源都集中在大企业里，形成了大企业的垄断，而当前互联网和电子商务的发展就应该打破这种垄断。

阿里巴巴为中小企业服务的企业宗旨既是责任也是机遇。全世界85%以上的企业都是中小型企业。只有帮助中小企业才是阿里巴巴最大的希望。

1999年，阿里巴巴在构思的时候，考虑的就是中国的经济发展状况。当时，阿里巴巴判断中国加入世贸组织只是时间问题，阿里巴巴认为世贸组织如果缺乏中国是不可思议的。中国企业可以到国外做生意，因此，阿里巴巴的第一个构思是：阿里巴巴通过建立互联网帮助中国企业出口，帮助国外企业进入中国。第二，阿里巴巴认为推动中国经济高速发展的是中小企业和民营经济，阿里巴巴要帮的永远是那些需要自己帮助的企业、能够帮助自己的企业。中小型企业使用电子商务这是它们的趋势，而不是像有些大型企业使用电子商务是为了炫耀。帮助那些真正需要帮助的人，帮助那些需要帮助的企业这是阿里巴巴最早的构思。

帮助客户赚钱

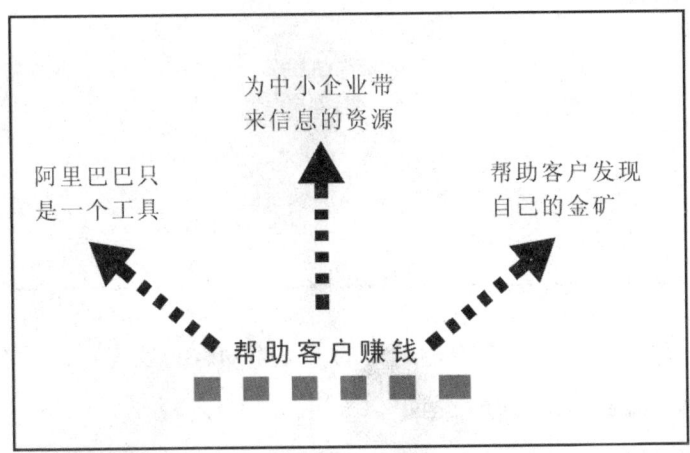

在国内，全国中小企业已成为国家财政收入的主要来源，更关键的是它在改善收入分配状态和促进就业等方面发挥着举足轻重的作用，促进中小企业发展意义重大。

我国几年前虽就颁布了《中小企业促进法》，中小企业发展的政策环境有所改善，但在税收、融资、政府服务和收费等方面仍有欠缺。政府和社会都在为促进中小企业发展创造更好的环境而积极努力。

阿里巴巴为中小企业带来的是信息的资源。通过电子商务可以搜索到许多企业的信息，而其他企业也可以通过互联网来了解企业的信息。在此基础上，可以借助与传统销售方式相结合的方式，抓住新的商机。

帮助客户成长

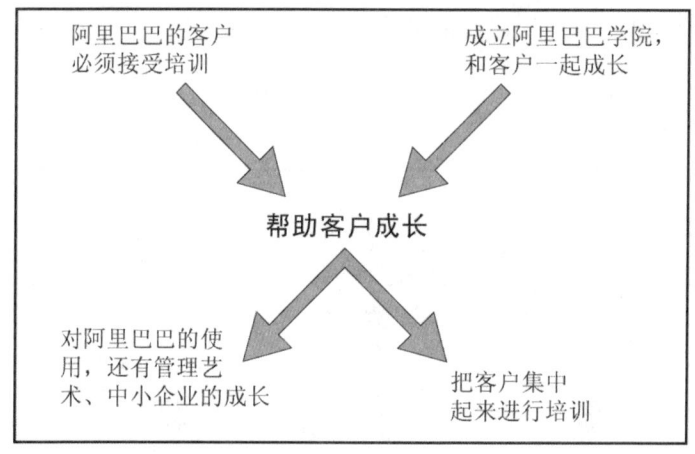

阿里巴巴不仅希望通过自己的努力帮助客户发现自己的金矿，帮助客户赚钱，还致力于帮助客户成长。

阿里巴巴规定，成为阿里巴巴的客户后，必须接受培训，这是为了让他们得到更好的服务，最终达到阿里巴巴与客户共同发展的目的。他们还成立了阿里巴巴学院、淘宝大学，培训客户，和客户一起成长。现在每个月都有客户到阿里巴巴公司来接受培训，或者阿里巴巴组织人员到各个城市，把客户集中起来进行培训。培训内容不光是对阿里巴巴的使用，还有管理艺术、中小企业的成长等等，在这些课程上他们已经具备开办阿里巴巴学院的条件。

阿里巴巴学院这个平台给中国中小企业主提供了学习与提升能

力的机会，他们也将成为阿里巴巴的忠实商户。

帮助客户过冬

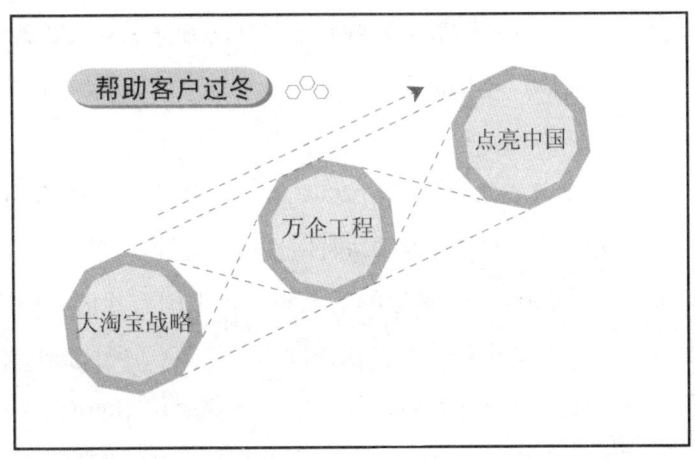

前国务院总理温家宝曾说道："我常讲，经济学家、企业家、银行家身上都要流着道德的血液。也就是说，在危机冲击的时候，在国家处于困难的时候，我们应该在完善制度的基础上，积极主动地去为中小企业服务。这是为国家分难的。"

阿里巴巴致力于服务中小企业，在"冬天"到来之际，阿里巴巴不只自身上市圈钱准备过冬，也积极地帮助中小企业过冬。阿里巴巴已经成立"阿里巴巴中小企业发展计划执行小组"，由时任阿里巴巴B2B总裁卫哲任组长。此举目的是调动阿里巴巴集团各子公司政策、人员、资金、产品等多项资源，保证计划全面实施，而这也是阿里巴巴集团历史上最大规模协同作战的行动。

阿里巴巴还与浙江省政府合作，推出帮助中小企业进军电子商务的"万企工程"。其支持来源于两个方面，包括浙江省政府以及阿里巴巴。

万企工程包括了下列内容：打造浙江全省综合性电子商务平台"浙江省电子商务专区"；免费开展旺铺电子商务服务体验；优惠提供"诚信通"电子商务服务；免费开展"百场万企"电子商务培训；赠送"中国供应商"增值服务。其中一个重要的增值服务为"移动版诚信通"。

这些措施起到了什么作用？ 2009 年，阿里巴巴 B2B 公司副总裁吕广渝在接受《东方早报》采访时回答道："在内贸方面，移动版诚信通是今年（2009 年）推出的重大举措。中国有 4 亿手机用户，将近是中国电子商务网民数的两倍。经济危机下，中小企业老板即使不在办公室也要随时把握商机。以前，很多老板用我们的电子商务平台时要雇专人守在电脑旁，如果他使用移动版诚信通，可以省掉这块成本。另一方面，金融危机下，采购商采购行为有所变化，大单因为库存风险和成本风险而被压缩，零散小单成倍增长，移动版诚信通可以更完整地覆盖采购小单。"

阿里巴巴的业务开展迅速，但仍有许多企业没有使用电子商务。"究其主要原因，有对电子商务的优势认识不足，有过于依赖传统的外贸渠道，有缺乏先期成本投入的决心，等等。"阿里巴巴集团副总裁梁春晓表示。通过此次阿里巴巴雪中送炭的活动，中小企业更加了解阿里巴巴的电子商务，对阿里巴巴提供的服务有更大的需求，进而达成与阿里巴巴更加稳定的合作。"冬天"过去，他们将成为阿里巴巴的电子商务更上一层楼的巨大推力。

企业伦理

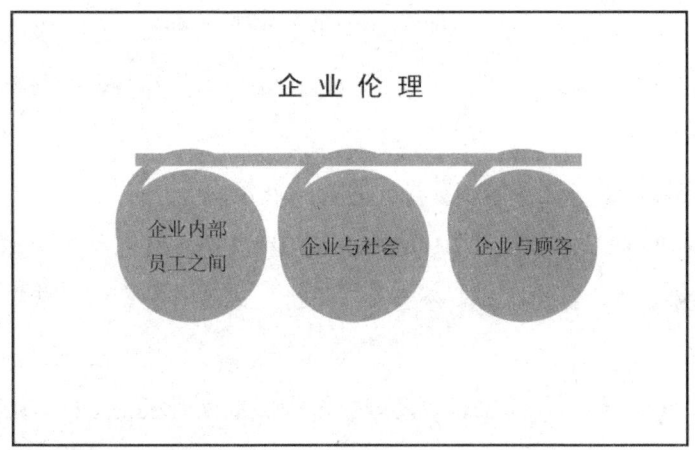

管理学家曹凤歧教授说："真正的企业文化实际上是一种企业的精神和企业的力量，包括道德方面的约束。"企业文化中企业伦理也占据了越来越重要的位置。

部分经营者将赚更多钱视为企业发展的最重要目标，而不是把眼光放在"永续经营"上，认为没有赚不到的钱，只有不敢赚的钱，为了短期利益甚至不惜违法违纪，不仅破坏了市场秩序，也使企业失去了长远发展的机会。无视伦理准则，违反法律法规，不讲公众意识的不正当竞争不仅损害了诚实经营者和广大消费者的权益，企业本身也失去了公众的信任。只有改变旧有的经营观念，把企业定位在追求利润与推动良性的社会变迁上，才能使企业长青。

优秀的企业伦理建设造就一流的企业，扭曲的企业伦理导致企业的灭亡。这样的例子不胜枚举，比如因财务欺诈而破产的安然。

一直以来，安然都是一家备受好评的企业：它是世界最大的能源交易商，掌控着美国 20% 的电能和天然气交易；安然股票是所有的证券评级机构都强力推荐的绩优股；安然一直宣称自己是"全球领先企业"，业务包括能源批发与零售、宽带、能源运输以及金融交易，连续 4 年获得"美国最具创新精神的公司"称号，并与政府关系密切⋯⋯

在破产前，笼罩着耀眼光环的安然公司营运业务覆盖全球 40 个国家和地区，共有雇员 2.1 万人，资产额高达 620 亿美元。安然一路高歌猛进，发展前景十分诱人。此时，还没有人意识到危机已经潜伏在企业内部。

2001 年年初，一家有着良好声誉的短期投资机构老板吉姆·切欧斯公开对安然的盈利模式表示了怀疑。他指出，虽然安然的业务看起来很辉煌，但实际上赚不到什么钱，也没有人能够说清安然是怎么赚钱的。吉姆·切欧斯的怀疑引发了人们对安然的怀疑，并开始真正追究安然的盈利情况和现金流向。

2001 年 11 月 8 日，安然被迫承认做了假账，虚报数字让人瞠目结舌：自 1997 年以来，安然虚报盈利共计近 6 亿美元。

安然公司不仅信誉大跌，各种问题更是全面暴发。2001 年 12 月 2 日，安然不得不正式向破产法院申请破产保护。

我国的很多企业在伦理建设方面积累了不少有益的经验，但在一些企业中，伦理建设中还存在一定的偏差。企业往往以简单的宣传口号代替伦理建设，伦理取向得不到普遍认同。而作为一个民营企业，阿里巴巴在企业伦理建设方面投入了很大精力，也取得了很大的进展。

阿里巴巴的企业竞争，不仅是服务的竞争，也是商誉的竞争。阿里巴巴在向企业内部灌输诚信伦理的时候，于外争也抵制不正当竞争，在企业生死存亡的关头，仍拒绝进行桌下交易。

马云在一次演讲中谈道："阿里巴巴讨厌那些不讲诚信的人。在阿里巴巴最困难的时候，我们发现'回扣'的事很暧昧：给回扣我们公司能够活下来，不给回扣则有可能倒闭。于是，我们公司在刘庄专门开了个会议，我们后来称之为阿里巴巴的'遵义会议'。当时我们做出了一个艰难的决定：从今天开始，公司永远不给任何人一点回扣，如果谁给了回扣，就请离开公司。这个决定很痛苦。我们发现伟大的决定都是痛苦的，但痛苦的决定却不一定伟大。现在，我们的合作伙伴知道跟我们阿里巴巴合作是不会给回扣的，我们宁可把这笔钱用在提高服务质量上。"

"在公司的采购上，我们在合同上也同样写明了合作公司不准给回扣，哪怕只是一颗糖，你也得给我拿回去。如果发现哪个公司这么做了，那么我们永远不会和它合作。我们相信，我们不需要进行桌下交易，这样的伙伴也不会好的。"

链接

彭蕾：众志成城，抵御寒冬

既然是"冬天"，我们有两个选择，一个是冬眠，还有一个是冬训。到底我们是养精蓄锐什么事情也不干，还是在这个冬天做一些事情为春天、夏天、秋天做好准备，我今天的演讲其实8个字就结束了。我对这个冬天的看法只有8个字，即"实事求是，顺势而为"。这是我今天想和大家交流的8个字。

实事求是是什么？我看到现在有很多企业，我们阿里巴巴与很多中小企业以及大型企业，和业内同行也有交流，在2008年上半年危机苗头开始出头的时候，很多企业采取的是鸵鸟政策。大家不太愿意面对现实，觉得金融危机、金融海啸离我们很远，我们日子比较好过。但是这个事情是不以人的意志为转移的，很快就来到我们面前。比如整个产业下滑，大家不敢用钱，以及对企业的影响很快来到面前，所以，我们第一要实事求是。

第二，危机来了以后，我们能否看到危机对我们企业的影响？这不是意愿的问题而是能力的问题。对宏观经济环境，对企业微观的运作，甚至对企业未来的发展，我们所有的管理人员，我们的HR们，是否有能力可以预见？并且，判断这个危机对这个企业有哪些影响？这是关于能力的问题而不是意愿的问题，这是我的看法。

冬训还是冬眠？我觉得是冬训，顺势而为。据我观察，有很多企业已经感觉到危机了，也想做一点事情，但是好像不知道从何做起，有一点观望的态度。

我最近经常和聊天，经常问起（金融危机的影响）这个时期什么时候可以过去，半年还是一年。我们和政府官员交谈的时候，他们说可能到（2009年）第三季度会有所好转。我觉得我们对过苦日子的心理准备还是要做好，做好打持久战的准备，不要心存侥幸，觉得危机可能会早早结束，我们又会重新回到繁荣局面；如果这个局面迟迟不来我们（会）一次又一次失望。

我们对危机不是扳指头数的，数完第一季度数第二季度。这个好不好真的很难讲的。任何的预测都是相当不靠谱的，最终危机会蔓延多久，持续多久，其实不是以所有人的意志为转移的。但是毫无疑问，有一个我非常认同的，就是：其实所有经济发展，包括社会发展都是波浪式的前进，有波峰就有波谷，否极泰来，已经这个样子了，总会有好起来的那一天。

我们能否迎接下一个阶段的发展，我们在座的 HR 包括我对我自己的要求就是这个时间我们一定要有所作为，所以就是说"顺势而为"。

下面我说一下我对"势"是怎么理解的。"势"有天地。天是比较大的，天有一种道在里面。我们怎么看天？天是社会发展的规律，有起有落，有盛有衰。这是宇宙发展规律的问题。我们个人在其中感觉是很渺小的，我们只是顺应它，顺势做我们自己该做的事情。我对"地"的理解是什么呢？即地利。你要去看你这个行业是什么行业，是快消业、药业、制造业、IT、电子商务？你要去判断你所在的行业的位置到底是什么样子的。

说实在的，金融危机来了，有很多企业是受益的，比如阿里巴巴旗下的网站。我们有一个网站是 B2B，本身是做内贸的中小企业，而且是在香港上市的，金融危机对这家公司业绩有一定的影响，但是淘宝反而受益。淘宝网成交量在增长，现在一天的成交量已经突破 4.5 亿元了。金融危机来了以后，淘宝网东西便宜大家都想去淘。我们最近做了统计，单笔购买价格降低了。在 2007 年，我们每笔成交额平均是 80 块钱，但是那个时候成交量比较少；到去年 2008 年年底，每一笔成交额平均是120块钱，但成交量很大，即有很多人买。大家对口袋里面的钱谨慎了，但是很愿意去买东西。所以你要判断你的行业在危机当中怎么样。这是阿里巴巴的例子，我和大家分享一下。

行业说完以后要看企业的定位。同样是制造业，同样是制药行业，你这个公司在这个行业当中的优势是什么？你跟其他竞争对手相比你处于什么位置？还有地理环境，你在中国的哪个地方？当然我们都在上海。比如你在西部怎么样？你在东北怎么样？都会影响你对企业的判断。接下来就是人，这是我们HR很关注的。

我经常在公司内部，即我们HR团队开会的时候，忍不住跳出来说出自己的观点。我觉得现在的HR有点像流水线上的工人，不知道大家是否有同感。招聘、发广告、收简历、打电话、约面试、绩效面谈、打分，年底开始根据打分情况分奖金、加工资，大部分HR人员用手在做的，完全不了解或者不关心他所做的这些事情对这个事情后面的人心灵的影响是什么。但是我认为，毫无疑问，HR在面对企业或者行业发展危机的时候，我们很多时候要把自己定位为管理人心，帮助这个人成长，帮助这个人提高认知能力，从而帮助企业渡过危机。

当然，有很多流程和制度要去建立和遵循，跟你在HR岗位当中职位高低是没有关系的，因为我认为作为HR最大的成就感，就是用你的工作改变一些人，让他们获得成就感，实现自我价值，从而实现公司的价值：我们要降薪了，我们要怎么样，我们怎么办？

HR经常说是业务部门的战略伙伴。战略伙伴意味着什么？就是对业务有很深的了解。所谓的HR专家，所有HR管理人员、学者，所有人都说HR要成为业务合作伙伴，懂得业务，但是到底有多少人对业务有那么深刻的洞察力？我们HR最近很忙，做明年人头预算。我觉得很多时候让人郁闷：不太动脑筋！阿里巴巴明年招聘5000人左右，各个部门自上而下报，然后交流沟通。我观察到交流变成数字讨价还价的游戏——这个部门明年招 10 个人，HR 说不行，人头必须是 5 个人。为什么是 10 个人？我们没有去问这样的问题，就是：对这个部门的战略意义，及在 2009 年承担的责任，我们的 HR 是否真正了解过？

成为业务部门战略合作伙伴，一定要下工夫了解业务，当然还包括业务合作伙伴成长，帮助我们管理人员成长。对于我们阿里巴巴而言，明年我们很多内部工作集中在培训上面，第一是管理人员培训，第二是 HR 提升和培训。这两类人在这个过程当中自己提升了，对于员工的影响是最直接的，这是我们在"冬天"的时候要做的两件事情。第三件事情就是沟通。有一些比较艰难的决定，像裁员、降薪，很多决定不是那么容易的，对于管理层而言都不太容易接受。HR 在这个当中要做的事情是什么？要让沟通变得很顺畅，要让这些沟通变得不那么被动，提前做一些沟通，让他们接受现状和现实。

可能大家关心阿里巴巴的加薪情况，我可以透露一点：我们今年会继续加薪，但是加薪幅度没有像往年那么大，而且我们所有的高层管理人员是冻薪——所有副总裁以上，阿里巴巴有 40 多位副总裁，都不加薪，副总裁以下级别都加薪。奖金跟以前是一样的。但是有一样：加薪幅度和以前不一样。这里面也有一个沟通的问题，怎么让员工理解和接受这个问题。以前我们好日子过习惯了，去年我们加 30％ 的都有，现在只有 10％，他们怎么接受这个现实？大家已经有这个心理准备了，最终当这个决定来了的时候，绩效谈完，年底加薪多少？今年有这个变化。我们要特别识别最想留住的员工，帮助他们，讲一些可能跟这个事情无关的事情，帮助他们正确认识这件事情。这里面有很多具体的技巧和方法我不多讲了。

总之，第一要了解业务，第二要做"冬训"，第三使沟通变得很顺畅、很平稳。这是我对顺势而为的理解。

最后，我想讲一下前面也在讲阿里巴巴。我好像除了讲阿里巴巴就不会讲其他的了，希望大家能够理解。我觉得阿里巴巴这几年的发展有一些事情不太合乎常规。比如：在现在大家都节省开支、能省则省的时候，我们加薪不比往年高，但我们在几个事情上面加大了投入。比如在培训方面，我们做了一个老员工培训计划——"358"学习修养计划。阿里巴巴创业十年很多员工比较辛苦，对公司做了很大的贡献，公司拿出几千万的预算给"358"年的员工做培训，有10天带薪假期。还有一个员工互助基金计划：公司出一笔钱作为一个基金，作为一个正常社会医疗保险和商业保险的补充。这两个事情看起来比较小，特别是第二件事情，投入金额只有几百万，但我是怎么看待这个事情的呢？因为我们在这个时候员工安全感不强，现在裁员，工作保不保大家都有点紧张，在这个时候我们这些小小的动作会让心里面紧张感有所缓解，像员工互助基金，使员工觉得的保障又多了一重。我们公司员工保险可以按照同样价格给他家人保险，当然费用由他自己出。这些小小的动作，会让员工觉得在这个"冬天"有一点暖意，安全感有一点提升。看上去不该做的事情，这个时候做起来会显得特别有意义。

我现在负责社会责任那一块。我们在2009年在社会责任那一块有很多动作。比如前一段时间，我们对地震灾害和残疾人基金会500万元康复的活动。我下个星期要去青川出差3天，跟马云一起过去.我们在当地有3个项目，我们希望在年前确定。一个是帮助当地残疾人就业。淘宝有大量残疾人能做到的服务性的工作。当地有一些残疾人知识水平还可以，我们希望把一些呼叫中心建立在青川那个地方，只要上网有电就可以做。第一期已经招募了十几位残疾人，在青川当地已经开始工作了。这是一个项目。第二个。我们发现地震过后在青川那边，这是灾区一个普遍的问题，教育对一个地方太重要了，所以我们还做了当地教师援助计划。我们选择一个地震受灾严重的乡镇，在这个乡镇学校，只要他们的老师每个学期上课，我们给他们一笔钱。这个计划一年投入200万元。

　　我跟大家分享这些，就是：对一个企业而言，在快速发展的时候应该做什么，在行业大环境不是很景气的时候应该做什么；我们看我们自己内部的发展，反省自己作为一个企业应当承担的社会责任。所以我想，阿里巴巴看上去在做一些不合时宜的事情，但这是一个真正有责任感的企业在这个时候应该承担的责任。如果大家还有什么问题，我希望在后面的对话环节和大家交流。谢谢。

　　（本文为 2009 年 5 月 18 日，阿里巴巴首席人力官彭蕾在"2009 年 APEC 中小企业峰会珠三角分论坛"上的演讲。）

第九章
企业文化特色

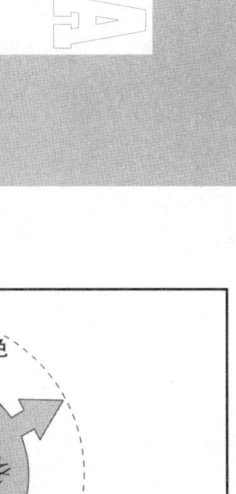

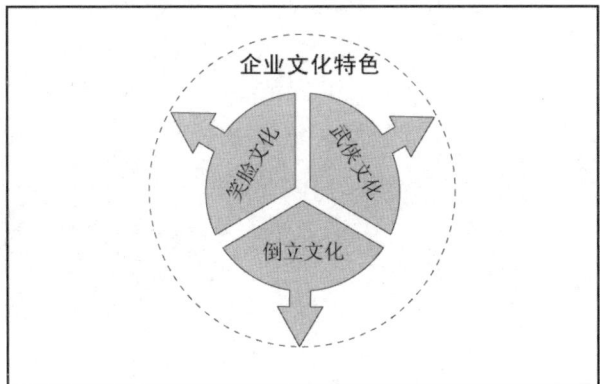

ALIBABA

　　如今，随着阿里巴巴集团各个子公司的发展，在"六脉神剑"的基础上，阿里巴巴又开始形成了"阿里橙"文化。"橙核"是共同的价值观：六脉神剑；"橙肉"是各公司子文化；"橙皮"是各子文化丰富多彩的外显形式。"阿里橙"是阿里巴巴定义和传递企业文化的独特工具。

笑脸文化

　　阿里巴巴的 LOGO 是一张笑脸。阿里巴巴的文化就是微笑文化。阿里巴巴被誉为"中国笑脸最多的"互联网公司。马云说：

　　我们阿里巴巴的 LOGO 是一张笑脸。我希望每一个员工都是笑脸。

　　阿里巴巴认为，人有一样东西是平等的，就是一天都有 24 小时。不快乐的工作就是对自己不负责任。阿里巴巴对员工的工作时间没有严格的打卡要求，只要完成工作任务随便什么时候上下班。阿里巴巴人事部管理人员说道："像 IT 业，研发性的工作用脑量大，员工处于紧张繁忙的状态。提供优雅一点的工作环境，可以让员工心情舒畅，开心工作。"

　　阿里巴巴首席人力资源官彭蕾说："阿里巴巴打造的工作气氛是外松内紧。我们是非常讲究执行力的公司，以结果为导向，但是这是内紧。我们也非常希望营造一种很宽松的环境，让员工快乐地工作，快乐地生活。公司必须为自己的员工解压。如果的压力很大，每天都唉声叹气，像包身工一样，那就太可怕了。所以在阿里巴巴不习惯的人很不习惯，他会觉得放弃自己的很多想法，按照这个团队的方式来做事；享受的人也会很享受，如果他是一个很积极生活的人，那阿里巴巴是一个很好的选择。"

2014 年，阿里巴巴获得中国"任仕达奖"内资企业组"最佳雇主"金奖。任仕达奖首创于 1999 年，是全球规模最大的独立雇主品牌调查。任仕达在给阿里巴巴的评语中写道："如果要问哪一家公司真正将价值观、文化贯彻到日常工作，无疑当属阿里巴巴。一直以来，阿里的业务是充满想象力与趣味性的，对于整个阿里的大家庭来说，员工与企业的关系，是一种彼此协作、彼此激发的关系。通过相互促进与合作，去实现企业及个人的理想是坚守阿里文化价值的体现。"

马云曾不止一次地强调，阿里巴巴最大的财富就是阿里人。马云表示："让员工快乐工作是好雇主应该做的事情，总之一定要让员工'爽'。在阿里巴巴，员工可以穿旱冰鞋上班，也可以随时来我办公室。把钱存在银行里，不如把钱花在培养员工身上。把钱投在人身上是最赚的。"

阿里巴巴首席人才官彭蕾在一次发言中说道："我们希望在阿里巴巴所有工作的人，既可以快乐工作，也可以快乐生活，同时可以实现个人的价值和成就感。为了让他们快乐工作，我们成立了很多派，叫阿里十派，当然有很多娱乐的，篮球、足球，甚至电影"派"，让这些年轻人大家有一个组织，让志同道合的年轻人可以去玩。同时在"阿里十派"当中，有一个派叫"爱心派"。"爱心派"就是一些具有慈善公益意识的员工他们自发组织的一个团体。在地震灾后重建小组当中，大多数都是"爱心派"的同事，大家会自发地做一些事情。"

更让人捧腹的是各派别的使命口号，一扫工作中的紧张严肃气氛：学好 ABC，泡洋 GG 追洋 MM（英语派）；打好羽毛球，回家拍蚊子（羽毛球派）；凡是未驾的、已驾的、想驾的都来吧（车友派）；等等。

武侠文化

在阿里巴巴，马云不叫马云，叫风清扬。阿里巴巴集团 CEO 陆兆禧叫铁木真，阿里巴巴集团首席风险官邵晓锋叫郭靖。阿里巴巴总部有个办公室叫"光明顶"，核心技术研究项目组名叫"达摩院"。马云的办公室里有两把《笑傲江湖》制片人张纪中送给他的剑。当他疲惫的时候，会提着剑在公司里来回溜达，之后便精神爽气。阿里巴巴的武侠文化可以说人尽皆知。

阿里巴巴武侠文化的起源跟淘宝很有关系。做淘宝时，要给网站取名字，一个女员工说叫"淘宝"，对于消费者，每件商品都是宝贝。淘到宝贝多开心，而且这个名字活泼，有灵性，马云觉得不错，就定名淘宝。而淘宝的工作人员需要取好玩的昵称，即花名。当时淘宝网创始员工柴栋想："淘宝淘宝，我是叫淘淘还是宝宝呢？"于是，柴栋联想到小宝。韦小宝人真实、运气很好，做什么事都拿得下来，有好的彩头，大家都觉得特别好，柴栋就取名"韦小宝"。大家觉得很有意思，干脆都取金庸书中人物名字好了。公司的各个地方都是用武侠中的地名，黑木崖、桃花岛、百花谷……男厕叫"听雨轩"，女厕是"观瀑亭"。

早期的淘宝会员都觉得淘宝员工的名字有意思，有亲和力，很多人专门跑来看"传说中"的"韦小宝""杨过"。淘宝网也学习发扬武侠精神。江湖侠士重信义、讲诚信，这正是阿里巴巴所讲求的诚信。侠客都是某些方面的高手，无论运营上还是产品技术上，淘宝网希望员工都往顶尖方面发展，身怀绝技。这种武侠文化中，大家彼此称呼花名，没有层级意味，公司氛围平等而浪漫。

在淘宝网，所有的员工都拥有属于自己的独一无二、耳熟能详的武侠"花名"，并一起用青春捍卫自己的名号。段誉、语嫣、乔峰、胡斐、小龙女等来自金庸小说的"武侠人士"出没周边，在淘宝网，往往大家只知对方的花名，而忽略其真名。

在阿里巴巴，员工讨论公司大小事，不是聚首"光明顶"，就是笑傲"侠客岛"，因为这里所有的会议室也都是以金庸武侠小说里的地名来命名的。淘宝的年庆活动也被冠名为"武林大会"。每逢盛会，所有员工都是根据自己的花名加入不同帮派，争夺"天下第一帮"称号。在"帮派"里，更是完全打乱了原来的层级关系，让所有的"店小二"忘记自己是领导还是属下，一些基层员工经常一跃成为帮主、副帮主，统领原来的上司。可以说，武侠文化中的正义感和团队精神渗透到了公司员工的一言一行。

倒立文化

淘宝所有的人都会倒立。倒立，是淘宝特有的一种文化，更是一种被具象化了的价值观体现。

当然，倒立这个活动也不是天上掉下来的，它起源于"非典"。阿里巴巴有员工被认为患上了"非典"，整个公司的员工基本都被隔离在家里工作。在对健康极度关心的气氛里，大家开始练习这种几乎是唯一在家中不依靠任何器械就可以完成的运动。所以，从一开始，倒立也仅仅作为一项在有限的空间内最容易完成的体育活动而存在。

不久，"倒立"又有了其他的用途。《排球女将》是20世纪70年代出生的孩子心中的偶像。马云也对《排球女将》中小鹿纯子的扮演者念念不忘。2003年，马云去了日本找到并邀请到了《排球女将》中小鹿纯子的扮演者荒木由美子到阿里巴巴来访问。为了迎接马云的偶像，员工们开始准备一个别致的欢迎仪式——练倒立。

直到此时，"倒立"在阿里巴巴公司也只是一种独特的娱乐方式。谁也没有想到，"倒立"会在不久之后被当作必须完成的"政治任务"，每一个人，不论男女都必须学会。

"倒立"在淘宝网员工中蔓延开来时，不少员工也曾有过抵触情绪，但阿里巴巴还是将这个"武功"坚持下来了，并使之成为检验新进阿里人合不合格的土门槛。进入淘宝，先是培训一周，除了学习企业文化，必须学会倒立。1周后，有2个小时的结业典礼，学员都要倒立。如果学不会，就要再培训1周。

"倒立"看世界，也非常符合淘宝网的当时处境。淘宝网是以挑战者身份进入市场的，要和非常强大的市场惯性博弈，如果只用传统角度看事情，很容易迷惘；倒立可以用另外一种角度去观察世界，感觉迥异，豁然开朗。

而"倒立"看世界，也让淘宝网一直保持旺盛的创新。从允许淘友自由沟通，到因地制宜地开设独特的男人、女人、香港街等频道，到推出"你敢用，我敢赔"的第三方支付系统支付宝，再到推出独创的全新 B2C 模式……这些，都是"倒立"带来的创新。

马云说道："为什么要倒立？就是因为太多人跟我说'不可能'。淘宝的每个'店小二'（淘宝的员工都是店小二）都会倒立，我还能单手倒立，我们还能倒立地叠罗汉。"

这种倒立的视角，让员工看到了更多不可能中的可能，看到了成功的方向与自己的潜力。淘宝网的前总裁孙彤宇回忆道："很多人原来不会倒立，当他努力尝试过以后，发现其实这是一个心理障碍。在倒立过程中，我们体会到了成功挑战自我的快感。"

2004 年开始，淘宝每年还会举办一次倒立比赛。马云有几个方面的考虑：首先是坚持倒立有助于身体健康。第二是你一个人做不到，在有人帮助的情况下，就一定能做到，这就是团队合作。再一个也是马云的真实目的："因为在平时，我们很少会意识到，那些看起来强大的事物，如果倒过来看的话，就并非那么强大了。所以淘宝的理念是：首先要健康；其次，要换一种角度来看 eBay，它看起来很强大，但是如果倒过来看，eBay 一点也不重要，我们可以这样做，也可以那样做。所以这就是我们用不同的方式，用我们的方式看世界的结果。这是倒立的意义。"

黄佳在接受《每日商报》采访时说道："我体育不好，进淘宝之前，从来没有倒立过，觉得这个非常难，有点排斥。一周后，有 2 个小时的结业典礼，学员都要倒立。如果学不会，就要再培训一周。其实，公司不是要求我们要能倒立得多久、多好，关键是你要有这个勇气。倒立有两个含义：一是锻炼身体。淘宝创立的初期，遭遇'非典'，大家都出不去，创业又都很辛苦，需要一种简单的锻炼身体的方式。其次，就是淘宝和 eBay 易趣的较量。这是蚂蚁撼大象的故事，我们用倒立的视角，成功了。"

eBay 对于阿里巴巴来说是一个强大的对手。《福布斯》杂志是这样描述的："eBay 目前（2004 年）年收入为 33 亿美元（而马云旗下公司 2005 年的年收入为 6800 万美元），预计 eBay 今后两年内海外市场收入将超过美国本土市场。eBay 通过打败或是收购当地对手的方式，占据了德国、法国和澳大利亚的在线拍卖市场；它在韩国和新加坡市场位于主导地位。前不久，eBay 进入了马来西亚、菲律宾和印度市场，估计将来还要进军越南、泰国和印度尼西亚市场。"

马云认为，尽管当时 eBay 易趣已经占尽先机，拥有中国 90%的市场份额，但是，"市场会发展的。当时中国的网民有 8000 万，可是 eBay 易趣的用户只有 500 万，剩下的 7500 万潜在客户就是我们的机会。"

正如知名财经作家吴晓波所说："看上去，马云是用一种免费战略撬动了 eBay 易趣在中国的生存基石。eBay 在北美市场是靠向卖家收费而受到投资商青睐的，它从一开始就盈利，而且获利颇丰。可是，马云却宣布中国的淘宝是免费的，而且'几年内都将免费'。就这样，游戏规则在最敏感的一点上被重写了，从收费到免费，无疑是一次让人热血冲上脑门的'倒立'。"

正所谓"倒立者赢"。淘宝成立之时，eBay 收购了易趣，已经占领了市场的大部分江山。然而，仅仅用了 2 年多的时间，淘宝就把局面扭转。"倒立"文化下的淘宝，目前已是亚洲最大网络零售商圈，成为如今中国 C2C 领域的领军团队。

企业文化是很"虚无缥缈"的，需要有个行动和姿态来表现。"倒立"这个姿势告诉员工，只要努力，有志向，有规划，没有做不成的事情。

链接

华为的垫子文化

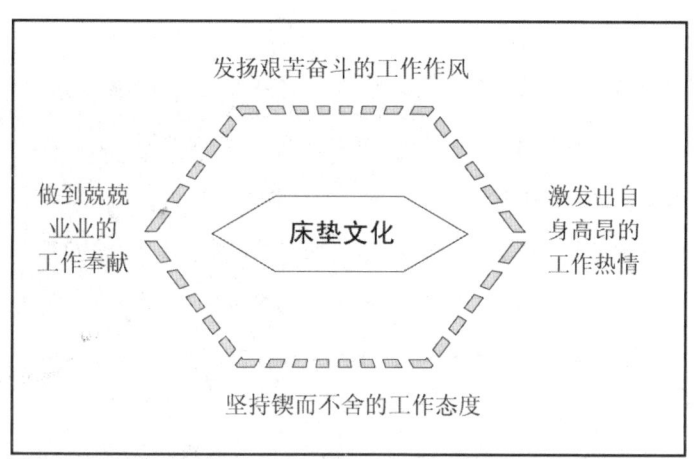

华为自创立以来，就有加班的传统，因为当时在通信设备领域，华为没有任何基础，一切都是从零做起。为了能在最短的时间里把高端路由器这块硬骨头啃下来，任正非和技术部的员工们几个月几乎没有下楼，吃住全在办公室里。由于办公室空间有限，华为的创业团队就买来了一种垫子，累了可以铺开在上面睡一会，不用的时候就像被子一样卷好放在办公桌底下，轻便简单。

华为总裁任正非说道："创业初期，我们的研发部从五六个开发人员开始，在没有资源、没有条件的情况下，秉承60年代'两弹一星'艰苦奋斗的精神，以忘我工作、拼搏奉献的老一辈科技工作者为榜样，大家以勤补拙，刻苦攻关，夜以继日地钻研技术方案，开发、验证、测试产品设备，没有假日和周末，更没有白天和夜晚，累了就在垫子上睡一觉，醒来接着干．这就是华为'垫子文化'的起源。虽然今天垫子已只是用来午休，但创业初期形成的'垫子文化'记载的老一代华为人的奋斗和拼搏，是我们需要传承的宝贵的精神财富。"

"床垫文化"意味着华为团队努力把智力发挥到最大值，它是华为团队精神的一个重要象征。"床垫文化"要求华为团队发扬艰苦奋斗的工作作风，激发出自身高昂的工作热情，坚持锲而不舍的工作态度，最终做到兢兢业业的工作奉献。

在这样的"床垫文化"的鼓励下，华为团队创造了许多的辉煌。从1988年成立至今，华为已经成为中国电信市场的主要供应商之一，并成功进入全球电信市场。华为是全球少数实现3G WCDMA商用的厂商，它已经全面掌握WCDMA核心技术，并率先在阿联酋、中国香港、毛里求斯等地区获得成功商用，跻身WCDMA第一阵营，成为全球少数提供全套商用系统的厂商之一。"床垫文化"促进了华为的超常发展，而华为凭借这种超常发展，成为中国企业创业、创新和国际化的标杆。

任正非曾说，当我们走上这条路，没有退路可走时，我们付出了高昂的代价，我们的高层领导为此牺牲了健康。后来的人也仍不断在消磨自己的生命，目的是为了达到业界最佳。沙特阿拉伯商务大臣来参观时，发现我们办公室柜子上都是床垫，然后把他的所有随员都带进去听我们解释这床垫是干什么用的．他认为一个国家要富裕起来就要有奋斗精神，奋斗需一代一代地坚持不懈。

在2000年以前的华为总部，除了市场人员，新入职的华为员工无一例外都会到华为食堂旁边的小卖部去买一个1米宽的泡沫垫子，用于熬夜加班的过程中休息用。

几乎所有的人都把放在办公室里睡觉的"垫子"当作是华为人辛勤工作的

证据，不少企业甚至把这当作是鼓励员工加班的典型案例。在华为发展早期，垫子的确是当初加班、勤奋工作的衍生品，但是那是在 2001 年前 ;2001 年后，从员工的身体健康及企业的发展定位考虑，华为已不再提倡加班制，并明确规定，普通员工加班需要申请，获得批准后才可以加班，并发放加班费。副总裁以上职位者加班没有加班费。确切地说，从那时起华为的垫子已经逐渐演变成人们中午睡觉的工具了。因此，准确地讲，华为今天的"垫子文化"反映了华为的"平民文化"。

不管是早期因为熬夜加班在办公室睡垫子，还是后来单纯的午睡，在华为发展的不同年代担负着不同使命的这块小小的垫子始终有一个没有变的内涵，那就是将华为人的心连在了一起 . 加班时他们坐在垫子上吃宵夜，讨论工作，午休时他们躺在垫子上讲个笑话聊聊天 . 一块几十块钱的垫子，擦去了领导与下属之间的距离 , 拉进了同事之间的感情 , 不知不觉地为华为注入了一股强大的凝聚力。

一位华为员工曾这样描述自己在华为所感受的"床垫文化"： "每个典型的华为人，都拥有自己的床垫：或者是一张小小的折叠床，或者是一张柔软的睡垫。"

"我还在校园里的时候，就耳闻过这种'床垫文化'。然而，真正走进了华为之后，才发现'床垫文化'并没有外界传说中的那么可怕。我属于销服体系，对研发体系的情况不是很了解。但是，至少在我的办公室里，床垫极少是用来夜晚加班的，而更多时候只是用来午休。"

"中午 12 点吃饭，下午 1 点半上班。午餐过后，会有接近 1 小时的空闲时间。这个时候，床垫就派上用场了。美美地睡个午觉，是一天里最放松的时间。秘书们也会在这个时候把办公室的灯关掉，这样就更有利睡眠。模糊记得在公司心声论坛上曾看过一个帖子，内容是一个同事抱怨自己的位置中午被一个同事占去睡觉了。结果，众人的反应似乎都是支持那个午睡的人。所以，在华为，假如你的位置中午被别人占去睡觉了，那也不要抱怨，这就是文化。"

"公司现在已经是全球化的公司了，由于行业的性质，全球时差，有些工作就需要集中到夜晚。这几天，邻座的兄弟就在跟踪一个南美南的项目。项目最近处于攻坚期，有时候需要夜里开会和南美南团队讨论、解决问题，为此，他最近加班比较多。直接的结果就是：午休的时候，因为有些疲惫，他呼噜不已。而且有时候，睡到上班时间也没有醒来。最长的一次，一直呼噜着睡到下午3点钟。旁边一些人的工作也受到一点影响。不过，看着他的倦容，却没有一个人忍心去叫醒他。"

第十章
领导人魅力

ALIBABA

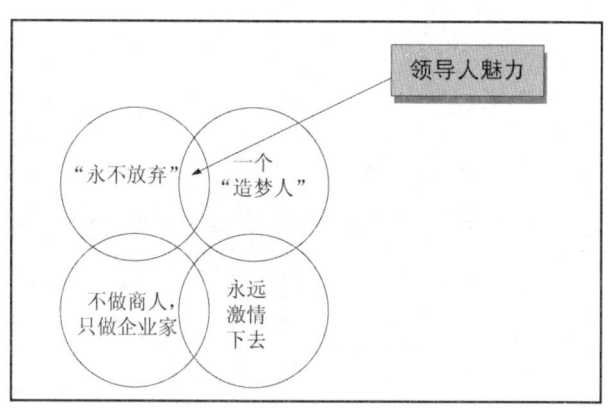

ALIBABA

IBM 前任总裁郭士纳认为:"最优秀的公司领导人会给自己的公司带来高绩效的公司文化。"企业的精神领袖在促成企业使命感、价值体系的灌输上起着举足轻重的作用。他们一方面勾勒出美好的前景,并为之努力,同时通过大量的活动,激发员工的热情,加入为企业的价值目标而奋斗的行列。因此塑造企业精神领袖是十分必要的。

著名管理专家王育琨曾这样写道:"美国企业文化量化大师理查德·巴雷特,把商业领导者分成 7 个层级,由低到高分别是:专制主义者、家长式统治者、管理者、提供便利者、合作者、伙伴服务者、智者 / 设计师。按照查德·巴雷特的定义,最高层级'智者 / 设计师'的行为由服务人类的动机所驱动。他们从社会的角度审视他们自身的和企业的愿景。他们关注世界的状况和未来的人类。处于最高层级的领袖,是一个通晓并娴熟掌握所有这 7 个层次领导意识的一个自觉的设计者。如果一个领导只专注在最高层级上活动的话,很快就会因盈利能力不过关而枯萎下去。由普通人圈子里滚打出来的马云,赫然已经自觉把自己定位在最高层级的商业领袖上了。一如巴雷特的描述,其貌不扬的马云,已经可以娴熟掌握 7 个层次的领导意识了,可以步入智者设计师的行列。"

"永不放弃"

具有领袖魅力的领导人都有一个愿景,他们能够清晰生动地描述这个目标,他们愿意为了实现这个目标而勇于前进不惧失败,当梦想已扬帆远航就决不会半路返航。

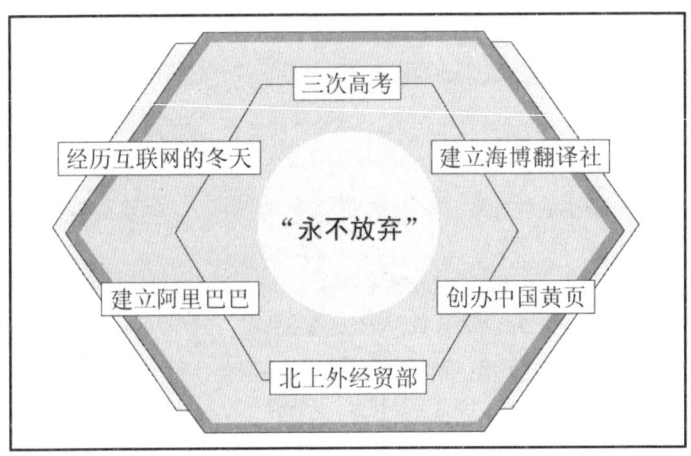

创业很难，阿里巴巴一路走来，创办者马云曾被人们认为是骗子，也曾被人们认为是疯子。马云曾指出："从创业的第一天起，你每天要面对的是困难和失败，而不是成功。我最困难的时候还没有到，但有一天一定会到。困难不是不能躲避，但不能让别人替你去扛。9 年创业的经验告诉我，任何困难都必须你自己去面对。创业者就是面对困难。我认为要成功的话，永不放弃的精神是非常重要的。这对于每个创业家都非常重要。很多年轻人在入睡前都非常有创意，但是当他们醒来后，还是在重复相同的事情，从来不采取行动。"

马云的性格很大程度上影响了阿里巴巴，而他的性格形成又与他少时的经历有关。

三次高考

1983 年，马云经过了第二次高考，然而，数学仍然是他难以跨越的障碍。在第二次高考中，马云的数学成绩是 19 分。受小鹿纯子"永不放弃"的精神激励，马云坚持下来了，决定进行第三次高考冲刺。马云回忆："1984 年 7 月，第三次从高考考场走出来的我，数学考了 79 分，但（总分）依然离本科线差 5 分……（但是由于）当年杭州师范学院本科没招满，我终于跌跌撞撞读上了本科，还被调配进入英语专业，捡了个天大的便宜。"

建立海博翻译社

1994 年 1 月，杭州海博翻译社成立．海博翻译社虽然是建立起来了，但发展并不顺利：开办当月的全部收入只有 700 元，而房租一项就需要 2400 元。一度要靠马云批发些小商品来维持。这些困难都没有阻止马云前进的信念与脚步。海博翻译社最终成为杭州最大的翻译社。这一段困难时期，马云最大的收获就是更加坚韧。他说，生活是公平的，哪怕吃了很多苦，只要你坚持下去，一定会有收获，即使最后失败了，你也获得了别人不具备的经历。至今在海博翻译社的主页上，依然是马云的照片和他书写的"永不放弃"的题字。

创办中国黄页

很快，马云又创办了"中国黄页"，期望人们通过网络平台来宣传自己的企业。这是第一家网上中文商业信息站点，在国内最早形成面向企业服务的互联网商业模式，但当时对互联网不太了解的人们都认为他是个疯子。创业之初，为了推广互联网业务，为了吸引关注，马云还用比尔·盖茨来鼓励大家。他说："比尔·盖茨说了，英特网将改变人类的方方面面。"

事后，马云坦白说："互联网将改变人类生活的方方面面，这句话是我当时编出来的一句话。我就编了说比尔·盖茨说互联网将改变人类生活的方方面面，已经向他道歉过好几次了。但是我讲的是真话，不是假话，确实要改变，但是也没想到那么快。"

经过两年的艰苦拓展，越来越多的国内企业开始接受这一服务。广大的发展空间与丰厚的利润使"黄页"成了人们关注的热点，一些国内投资者带着雄厚的资金进入了"黄页"市场，杭州电信也是其中之一。面对同城实力强劲的竞争者杭州电信，本小势微的马云先是不得不让出公司 70% 的股份，很快又彻底退出了"中国黄页"，另寻出路。

北上外经贸部

1997 年年底，马云带着他的团队进驻北京。在北京，马云做出了一番不小的成就：加盟外经贸部中国国际电子商务中心并成功运作该中心所属国富通信息技术发展有限公司，在不到一年的时间内，开发了外经贸部官方站点、网上中国商品交易市场、网上中国技术出口交易会、中国招商、网上广交会和中国外经贸等一系列国家级站点。外经贸部站点成为国内部委中最早上网的政府站点，也是 1999 年中国"政府上网工程"的推荐优秀站点；并为李岚清、吴仪等国家领导人所参观。网上中国商品交易市场是中国政府首次组织的互联网上的大型电子商务实践，甚至被当时的外经贸部部长的石广生誉为"永不落幕的广交会"。

马云说道："外经贸部几乎所有的网站都是我做的，那几乎是天翻地覆。那时大家都说我们是中国的梦之队，认为那是政府与员工的完美的结合，但（他们）全都不知道内部究竟是怎么一回事。"

建立阿里巴巴

马云与外经贸部的合作并没有持续多久，主要原因是特立独行的马云不能忍受左右受制的局面。在 1999 年，马云返回杭州，以 50 万元人民币创业，建立阿里巴巴网站（www.alibaba.com）。

阿里巴巴的发展也得益于马云的坚持。"有了梦想，一定要坚持，傻坚持比不坚持要好。"马云用"盲人骑虎"来形容他和阿里巴巴的成长过程。马云觉得中国其实不缺资金，想法也满天都是；中国缺的是有一个想法，并且能够持之以恒把这个想法不断坚持做下去的人。马云肯定地认为，阿里巴巴之所以有今天的成就，有赖于他和很多员工的坚持。他说："如果说当时我就知道电子商务能发展成今天的规模，那我肯定是在吹牛，但是，我相信它会发展，而且我一直坚持着。"

经历互联网的冬天

善于把握机遇是马云成功的重要原因，但是永不放弃也是他成功的重要原因。抓住了机遇还得能坚持下去，"永不放弃"的信念支持着马云一路走了过来。

马云强调："如果我成功，我成功的原因是什么？我觉得永不放弃，没有放弃。"

2001 年，受世界经济衰退及 IT 泡沫破灭的影响，中国的互联网行业跌入低谷。马云回忆道："我觉得最大的经验就是千万不要放弃，要勇往直前，而且不断地创新和突破，突破自己，直到找到一个（正确的）方向为止。而且我觉得还有更重要的一点，我们今天面对将来的信心是来自于我们前 5 年的残酷经验，我们坚信明天更加残酷。"

"2000 年我们已经进入"冬天"了。我们把西部办事处关了，美国办事处很多人我们都请他们离开了，香港办事处很多人也离开了。2001 年，有一次我很消沉地在长安街上走了 15 分钟，那天下午回到房间里睡了 2 小时，然后起来（对自己）说：重新来过！"

2001 年，随着互联网冬天的到来，很多人劝马云像丁磊一样转型做网游。当时阿里巴巴的网商用户已经超过 400 万家，无论是做短信和网络游戏都很有条件。当那两年满世界都忙于短信、游戏淘金的时候，马云依旧打坐在他的 B2B 阵地上。

在 2001 年的互联网漫漫严冬，中国许多网站都改弦易辙了，都不做 .com 了，只有阿里巴巴还坚守 .com 这个阵地。马云说道：

"现在互联网企业形势萧条，99% 的互联网企业都拿不到风险投资，好多互联网企业的职员也都人心思变。大家都在怀疑、猜测。但是，我们很自豪，阿里巴巴仍是 .com 公司，我们以前是，今天是，以后还将是。我们以前曾提过，阿里巴巴不是 .com 是指我们不能走泡沫的 .com，必须实实在在，必须创建一个新的 .com，这是我们要追求的东西。所以我们的 vision 说阿里巴巴要做世界十大网站，而不是世界十大电子商务服务公司。我们坚信在未来，我们可以达到这个目标，而且我们为 .com 骄傲。"

"不能放弃！放弃，即意味着彻底失败，只会使你在将来某个时间后悔自己没有坚持并抓住互联网产业一次最好的机会。我们公司的同事平均年龄是 27 岁，两三年后是 30 岁，而当两三年后互联网又一个高潮起来时，我们平均在互联网里从业四五年的经验将是最可贵的财富。"

2002 年是网络泡沫破灭最为彻底的时期，马云将阿里巴巴当年的发展主题定位为"活着"。他希望公司员工坚持下去，等待来年春天的到来。到了年底，阿里巴巴不仅奇迹般地活了下来，并且还实现了盈利。马云后来将这一切归功于"永不放弃"。

马云永不放弃的精神，也使阿里巴巴公司坚信中国市场本身就是跨国市场，在中国一定能诞生世界级的公司，中国一定能诞生世界级的企业家，而阿里巴巴正是其中一员。

一个"造梦人"

软银董事长孙正义曾说他成功的原因即是缘于"一个梦想和毫无根据的自信。一切都是从这儿开始的"。"三十年前，我创建软银公司时，与许多青年创业者一样，除了拥有激情和梦想外，没钱、没经验、没有人脉。我就是想成为日本，甚至是全球知名的成功人士，想做一件改变世界的事情。为了实现这个奋斗目标，我常常思考要做什么，一共想出了 50 个创业方案，然后逐个删减，砍到 25 个，再进行一轮精挑细选。直到一次偶然的机会，我在杂志上看到了微型电脑的图片，认定它将改变人们的生活方式，将改写人类历史。所以，我决定将一生的赌注押在微型电脑上。"

马云也曾说过他成功创业的原因，其中第一个就是"梦想"。因为梦想所以才能坚持并实现这个梦想。马云说道：

"怎么做企业，做企业到底什么最核心？我认为做企业首先要有伟大的梦想。"

1995 年，马云第一次在西雅图上互联网，登录的网站是雅虎，他输入"Chinese"关键词，但是当时雅虎的搜索答案是"没有数据"。为什么当年一个"Chinese"的词没有搜索到就触动了马云创业的情愫？马云的回答是："'Chinese'是英文里面最能体现中国的词汇。偌大的中国，在现在看来浩瀚无比的互联网世界里面竟然是空白，我想每个人都会想要去做点什么的，我不过是确实做了这么一件事而已。"

马云表示，自己的梦想是建立电子商务公司。这个梦想促使马云开始下海创业。与那些有着光鲜背景的互联网神话制造者不一样，马云太普通了：他没有上过名牌大学，他不懂电脑，不懂网络，对软件、硬件一窍不通；他没有钱，没有家庭背景，没有社会关系，没有海外留学的经历，没有 MBA 学位。但他有梦想，他用自己的梦想吸引和团结了一帮有梦想的人。他们的梦想和实干又带来了资本的青睐，并在资本的支持下逐步把梦想变成了现实。

正是因为马云始终坚持"让天下没有难做的生意"的梦想，所以成就了今天的阿里巴巴；因为马云的"让天下没有淘不到的宝贝"的梦想，所以有了淘宝网；因为马云的"让天下没有难管的生意"的梦想，所以有了阿里软件……马云说道："创业者首先要有一个梦想，这点很重要。人没有梦想，没有一点浪漫主义精神，是不会成功的。"

台湾首富郭台铭曾这样评价马云："各位网商大家都跟我一样，我们虽然是地上在跑的马，但是我们希望我们的马能够腾空，所以就有人叫"马云"。他能够有梦想。今天如果他没有这个梦想，他可能叫"马海"而不叫"马云"，所以阿里巴巴也是一个梦想。而芝麻开门以后进去也许你看到的是金砖，也许你看到的是一堆蝙蝠。所以要有梦想只是赢的精神所必须具备的第一个条件。"

与其说马云是一个企业家，不如说他是一个"造梦人"。他是一个激情四射的创业者，是一个伟大理想的布道者，是一个辉煌梦想的鼓吹者。马云用活生生的事实证明了一个道理：只要我们拥有梦想、激情和不断的努力，就有可能到达成功的彼岸。

永远激情下去

美国微软集团创始人比尔·盖茨曾说过，"我们公司的核心文化就是激情文化。员工必须要有激情，才能全身心地投入到工作中去，而技巧是可以培养出来的……"微软公司的创办正是源自于比尔·盖茨的"不做就一辈子都不会甘心"的创业激情，为此他放弃了学业，全身心地投入到了软件创业的理想中，最终成就了大名鼎鼎的微软公司。

马云给了激情一个定义："你可以失败做一件事情，你可以考试，一门考试没有考好，你可以失去一个项目，丢掉一个客户，但你不能失去做人的追求。这就是激情。我失败了我再来，失败了再来，失败了我再来……好，那叫激情，直到打通为止。"

马云认为，干任何事情必须有激情，没有激情什么事情也干不好。阿里巴巴的"六脉神剑"一条就是"激情"。有句话"心有多大，舞台就有多大"说的就是这个。

原阿里巴巴 COO 关明生曾说:"要有激情,马云就是一个很好的例子。马云深信中国可以在电子商务上面做出自己的模式,这不是他现在说的,是在 1999 年回来杭州创业,甚至于之前就说了这个事。他创办的中国黄页,那时候是 1995 年。那时候他已经有这方面的想法,这个想法一直到今天还是没有改变,他还是想在电子商务方面做全中国伟大的公司。"

但年轻人的激情来得快去得更快,很多人的激情并不能持久下去。马云提醒员工,要永远保持激情,一定要有毅力坚持下去。只有持续不断的激情才是叫真正值钱的激情,否则这种激情是没有用的。马云表示:"短暂的激情是没有用的,长久的激情才是有用的。一个人的激情也没有用,很多人的激情才非常有用。如果你自己很有激情,但是你的团队没有激情,那一点用都没有。怎么让你的团队跟你一样充满激情面对未来面对挑战,是极其关键的事情。"

年轻的团队容易产生激情,但更容易因挫折而失去激情。短暂的激情只能带来浮躁和不切实际的期望,它不能形成巨大的能量;而永恒持久的激情会形成互动、对撞,产生更强的激情氛围,从而造就一个团结向上充满活力与希望的团队。

马云把"激情"写入了企业"法规"——价值观中。阿里巴巴首席运营官关明生也说:"阿里巴巴的'独孤九剑'(最初的价值观)有两个轴线。一是创新轴:创新、激情、开放、教学相长。激情是阿里巴巴的核心。"马云在 2007 年说道:"8 年来唯一没变的是激情。"

阿里巴巴把"激情"写进"独孤九剑",也写进"六脉神剑"。阿里巴巴的价值观从"独孤九剑"演变到"六脉神剑"时,唯一保留的就是"激情"。

阿里巴巴价值观"六脉神剑"中关于"激情"的解释是：

乐观向上，永不言弃。

对公司、工作和同事充满了热爱。

以积极的心态面对困难和挫折，不轻易放弃。

不断自我激励，自我完善，寻求突破。

不计得失，全身心投入。

始终以乐观主义的精神影响同事和团队。

马云对激情有一个很形象的阐述："一个最优秀的公司怎么样？晚上这帮人干到 11 点 12 点疲惫不堪，然后回家，第二天早上笑眯眯地他们又来上班 . 这样的激情才是不断地起来不断地做，而且，我们要的是这种激情，而激情是可以传递的。"

阿里巴巴人力资源及行政部资深副总裁邓康明曾这样说过："比如说激情，激情是我们阿里巴巴的关键，激情里边有一个表现方式，就是遇到困难不放弃，所以面试的时候我们就关注这个问题，有没有遇到困难，遇到困难你是怎么反应的、怎么去解决等等，所以在面试，在选人我们已经有所取舍，所以选进来的人，跟我们"六脉神剑"已经靠谱了。"

马云从来就是一个激情四射的人，还在 1992 年时，马云就创办了"海博翻译社"。

折腾了几年，海博翻译社并没赚到多少钱，但马云却从中尝到了商海的滋味。

到了 1994 年，马云决定离开学院，由此创办了"中国黄页"。1997 年马云又几经折腾放弃了"中国黄页"跑去北京国际经贸部工作。

不到 2 年时间马云又再次选择了放弃，开始创办阿里巴巴；虽然只有 50 万元和 18 个人，但是他依然充满激情。马云表示："我们一定能成功。就算阿里巴巴失败了，只要这帮人在，想做什么一定能成功！"

而 12 年后，海博翻译社负责人张红回顾当初马云投身翻译行业时，依然动情地说："我很佩服马云。他说的话会让你振奋，没有希望的东西在他看来也充满生机，他能带给他身边的人生活的激情。"

不做商人，只做企业家

马云曾很明确地表示，不想做商人，只想做一个企业家。马云这样分析：商人在这个社会发挥了很多的作用，纳税、创造就业机会等等。但士、农、工、商，历来商人的地位总是排在很后面。为什么呢？原因可能是商人总是把利益放在首位！"把自己的利益放首位的人，他的地位一定是排在后面的！每次听人说商人无非是'利益'两字，我就觉得恶心！"

马云认为，以前的商人可以把自己的利益当先；但现在和以后的商人一定要把别人和社会的利益当先，才会真正地活下来。

马云认为生意人、商人和企业家是有区别的："生意人以钱为本，一切为了赚钱；商人有所为，而有所不为；企业家要做的是创造财富，为社会创造价值，影响这个社会。赚钱是一个企业家的基本技能，而不是企业家所有的技能。""不会赚钱的人是不能称为企业家的，但只会赚钱的人也一定不会是个企业家！"

马云认为赚钱不是企业家的目的。"对一个企业来说赚钱是很容易的事情。这是我的结果，不是我的目的。但是你能不能持续赚钱，能不能持续创造价值，影响社会，领导整个电子商务互联网，这是我觉得最难的事情，我要挑战的是这些。很多人都懂得怎么赚钱，世界上会赚钱的人很多，但世界上能够影响别人、完善社会的人并不多。如果做一个伟大的公司，你就做这些事儿。"

什么是好的企业？马云认为，客户满意，员工幸福，股东放心，那就是好企业，不一定要做得很大。"'大'太累了。我今天是把累当快乐，而且我越来越把累当快乐，因为这是我一辈子的荣耀，那么多人信任我，认为我可以做到。假如这辈子重新再来过，我估计不会再选择这个行业了，至少我决不会在公共场合演讲，决不再见媒体，我一定想做一个平平凡凡的人。"

附录一

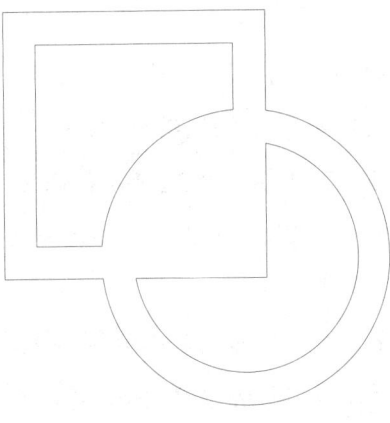

马云：为梦想奋斗

各位阿里人：

　　过去的 2009 年对阿里集团来说是精彩、复杂、遗憾和兴奋交错的一年。我们幸运地在 2008 年提前对经济形势做了危机判断，并采取了一系列的措施，更由于大家一如既往地艰苦努力，迎接了一次又一次的挑战和拥抱变化，集团取得了很大的成绩。尽管存在着很多的问题而且面临越来越多的挑战，但我对我们的整体结果表示满意。今年我给集团打 75 分已经是 10 年来很高的了。

　　今天，我想和大家谈谈我对 2010 年工资调整方案和奖金分配原则以及 KPI 的一些看法。

　　去年此时尽管正处于金融风暴的寒冬，但我们逆势加薪以肯定所有阿里人艰苦付出和取得的卓越成绩。今年的年度绩效考核，经过集团管理层的讨论，我们作出以下决定：

关于 2009 年终奖

今年关键词：奖罚分明；打破大锅饭；打破平均主义。

奖金是对昨天工作的肯定和对未来工作的期望。

今年的奖金方案已出台，我相信大家会觉得今年的奖金发放和往年有很大的区别。今年，我们将严格执行"271制度"，旗帜鲜明地奖优罚劣。与以往相比，将特别突出"奖罚分明"，"愿赌服输"，打破大锅饭和平均主义。包括公司所有层级在内都将对"top20"进行奖励提升，同时对"bottom10"加强问责。这是对勤奋付出的同事的最大公平，同时也是激励所有阿里人去挑战更高的目标。

奖金不是福利。奖金是通过努力挣来的。它不可能人人都有，也不可能每个人都一样。它不是工资的一部分，而是因为你的业绩超越了公司对你的期望值请特别注意这一点。

今年的奖金分配原则将会进一步公开透明。我们将在内网上公布各个公司的发放原则。我们希望每一个员工都能从自己的上级那里得到明确的信息，清楚自己的奖金为啥会多，为啥会少！

另外，以往年终奖都和基本工资挂钩，但从今年开始，年终奖不再与工资挂钩，而是根据员工对公司的贡献分配，它由所属子公司、部门还有每个人自己的绩效所决定。

关于 2010 年的加薪和调薪

我们认为没有所谓最好的薪酬。阿里巴巴永远不会因为竞争对手和行业的做法而加薪，这只会引发恶性竞争和不健康的行业格局。阿里巴巴的薪资水平总体是合理的，有竞争力的。除了合理的基础收入，我们希望所有阿里人能够公平分享公司成长带来的财富，我们仍然实行奖励期权政策，同时各子公司也已开始在制订各自的股权激励计划。

在今天的经济形势下，我们判断明年的通货膨胀将不可避免，我们担心阿里普通员工的生活将会受到影响。2010 年也是我们全集团开展协同发展的第一年，我们对大家会提出更高的要求和期望。基于"员工第二"的原则，今年我们决定继续加薪！本年度的加薪幅度会不小，但我们还是必须严格执行"271 制度"。

加调薪的原则：我们的加薪政策会继续向普通员工倾斜，公司高管把加薪机会留给普通员工。公司副总裁及 P11 以上级人员全部不参与加调薪，M4、M5、P9、P10 只是对于特殊情况调薪，如晋升、历史遗留问题等等。

有关 2010 年的 KPI

阿里巴巴必须坚持高绩效的文化，要充分体现公平、公正的原则，我们的绝大部分工作必须要能量化。

KPI 就像检查身体时的各项指标。它不应该是我们追求的目标而应该是我们公司健康的象征和结果。完成了 KPI 绝对不等于万事大吉了，就像身体某些指标正常不等于健康一样。当然，我们必须有一些指标来检测我们的工作。关键是哪些指标是必需的，是由谁定的等等。

这两年我们的 KPI 考核，变得有些机械和僵化，甚至有非常严重的大锅饭现象，对公司的发展非常不利，必须坚决改掉！KPI 不是领导和员工讨价还价的结果，而是由下而上地根据对公司战略的理解和对业务的把握，提出最合理的指标，以及相匹配的资源，这些指标必须是和上级沟通后达成的共识。这些 KPI 指标还很可能是根据内外部情况而动态调整的。年底客户满意不满意，我们有没有超过行业的增长，有没有为未来的发展培养基础，这才是我们真正要的。

"Dream target" 是我们共同奋斗的目标，是调配资源的指导。"Dream target" 必须通过创新的方法才能实现，而不是简单地沿用现有的手段，拼命去挤牙膏。电子商务正在迎来井喷的发展，我们必须超高速的成长，才能继续保持行业领先。我们要为我们的 mission、vision 和 dream 去奋斗，而不是为完成 KPI 任务，更不应该是为了奖金而努力。

各位阿里人，我相信绝大部分的同事会支持以上原则，但执行是难点，更是关键。我相信在执行过程中我们会有兴奋，会有沮丧，也会有痛苦、纠结甚至愤怒，但也许这就是我们每个人成长中一定会有的感受。要想创造新商业文明，必须有相适应的文化和组织能力。我们必须不断地改变和提升自己！

新的一年已经开始，阿里巴巴要在 10 年内实现"帮助 1000 万小企业发展，提供 1 亿就业机会，为 10 亿消费者提供服务"的目标，几乎每一年都会很艰难，都是关键。很多同事加入阿里巴巴的第一天，我就告诉过大家，阿里巴巴不承诺你会升官发财，但一定承诺你不会有冤枉、有委屈。今天我要对 2009 年新加入的 6480 名新同事说同样的话：欢迎你来阿里巴巴，这不是一份简单的工作，这是一个梦想，我们都必须要为此付出巨大的努力和代价！

过年了，带着你的家人，去好好玩，好好花钱吧……

认真生活，快乐工作！

替我向阿里家属亲人们问好！

马云

在飞机上

（本文为马云在 2010 年 1 月 19 日写给员工的一封邮件。）

附录二

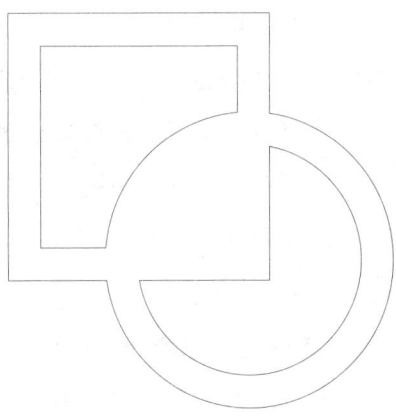

马云卸任 CEO 演讲

大家晚上好！谢谢各位，谢谢大家从全国各地，我知道也有从美国、英国和印度来的同事，感谢大家来到杭州，感谢大家参加淘宝的 10 周年！

今天是一个非常特别的日子，当然对我来讲，我期待这一天很多年了。最近一直在想，在这个会上，跟所有的同事、朋友、网商，所有的合作伙伴，我应该说些什么。大家很奇怪，就像姑娘盼着结婚，新娘子到了结婚这一天，除了会傻笑，真的不知道该干什么。

我们是非常幸运的人，我其实在想。10 年前的今天，是"非典"在中国最危险的时候，所有人都没有信心，大家不看好未来。阿里十几个年轻人在一起，我们相信 10 年以后的中国会更好，10 年以后电子商务会在中国受更多人的关注，很多人会用。

但我真没想到，10 年以后，我们变成了今天这个样子。这 10 年无数的人为此付出了巨大的代价，为了一个理想，为了一个坚持，走了 10 年。我一直在想，即使把今年阿里巴巴集团 99% 的东西拿掉，我们还是值得的。今生无悔，更何况我们今天有了那么多的朋友，那么多相信的人，那么多坚持的人。

其实我自己在想是什么东西让我们有了今天，是什么让马云有了今天。我是没有理由成功的，阿里也没有理由成功，淘宝更没有理由成功，但我们今天居然走了这么多年，依旧对未来充满理想。其实我在想是一种信任，在所有人不相信这个世界，所有人不相信未来，所有人不相信别人的时候，我们选择了相信，我们选择了信任，我们选择10年以后的中国会更好，我们选择相信我的同事会做得比我更好，我们相信中国的年轻人会做得比我们更好。

20年以前也好，10年以前也好，我从没想过，我连自己都不一定相信自己。我特别感谢我的同事信任了我。当CEO很难，但是当CEO的员工更难。我从没想过在中国，大家都认为这是一个缺乏信任的时代，你居然会从一个你都没有听见过的名字，（类似）"闻香识女人"这样人的身上，付钱给他，买一个你可能从来没见过的东西；经过上千上百公里，通过一个你不认识的人，到了你手上。今天的中国，拥有信任，拥有相信，每天2400万笔淘宝的交易，意味着在中国有2400万个信任在流转着。

在座所有的阿里人、淘宝、小微金融的人，我特别为大家骄傲。今生跟大家做同事，下辈子我们还是同事！因为是你们，让这个时代看到了希望。在座的你们就像中国所有的80后、90后那样，你们在建立一种新的信任。这种信任就让世界更开放、更透明、更懂得分享、更承担责任。我为你们感到骄傲。

今天的世界，是一个变化的世界。30年以前，我们谁都没想到今天会这样，谁都没想到中国会成为制造业大国，谁都没想到电脑会深入人心，谁都没想到互联网在中国会发展得那么好，谁都没有想到淘宝会起来，谁都没想到雅虎会有今天。这是一个变化的世界。我们谁都没想到，我们今天可以聚在这里，继续畅想未来。

我们大家都认为电脑够快，互联网还要快。我们很多人还没搞清楚什么是 PC 互联网，移动互联来了；我们在没搞清楚移动互联的时候，大数据时代又来了。变化的时代，是年轻人的时代。

今天还有不少年轻人觉得像谷歌、百度、腾讯、阿里这样的公司拿掉了所有的机会。

10 年以前当我们看到无数的伟大公司，我们也曾经迷惘过：我们还有机会吗？但是 10 年坚持、执着，我们走到了今天。假如不是一个变化的时代，在座所有的年轻人，都轮不到你们。工业时代是论资排辈，永远需要有一个 rich father（富爸爸），但是今天我们没有，我们拥有的就是坚持和理想。很多人讨厌变化，但是正因为我们把握住了所有的变化，我们才看到了未来。未来 30 年，这个世界，这个中国，将会有更多的变化。这种变化对每一个人是一次机会。抓住这次机会！我们很多人埋怨昨天、30 年以前的问题。中国发展到今天，谁都没有经验；世界发展到今天，谁都没有经验。我们没有办法改变昨天，但是 30 年以后的今天，是我们今天这帮人决定的。改变自己，从点滴做起。坚持 10 年，这是每一个人的梦想。

我感谢这个变化的时代，我感谢无数人的抱怨，因为在别人抱怨的时候才有你的机会，只有变换的时代才是每一个人看清自己有什么、要什么、该放弃什么的时候。

参与阿里巴巴的建设 14 年，我荣幸我是一个商人。今天人类已经进入了商业社会，但是很遗憾，这个世界商人没有得到他们应该得到的尊重。商人在这个时代已经不是唯利是图的。我想我们跟任何一个职业，任何一个艺术家、教育家、政治家一样，我们在尽自己最大的努力，去完善这个社会。14年的从商，让我懂得了人生，让我懂得了什么是艰苦，什么是坚持，什么是责任，什么是别人成功了才是自己的成功。我们最期待的是员工的微笑。

从今天晚上12点以后，我将不是CEO。（掌声）从明天开始，商业就是我的票友。我为自己从商14年深感骄傲！

看到你们，看到中国的年轻人，我不希望有一天我们这些人再来一个"致我们逝去的中年"。这世界谁也没把握他能红5年，谁也没有可能说会不败，会不老，会不糊涂。解决不败、不老、不糊涂的唯一办法，相信年轻人！因为相信他们，就是相信未来。所以我将再也不会回到阿里巴巴做CEO。

要我回也不会回来，因为回来也没有用，你们会做得更好！

做公司，到这个规模，小小的自尊，我很骄傲。但是对社会的贡献，我们这个公司才刚刚开始。所有的阿里人，我们都很兴奋、很勤奋、很努力，但我们很平凡：认真生活，快乐工作。我们今天得到的远远超过了我们的付出。这个社会在这个世纪希望这家公司走远走久，那就是去解决社会的问题。今天社会上有那么多问题，这些问题就是在座的机会。如果没有问题，就不需要在座的各位。

阿里人坚持为小企业服务，因为小企业是中国梦想最多的地方。这里，14年前，我们提出了"让天下没有难做的生意"，帮助小企业成长。今天，这个使命落到了你们身上。我还想再为小企业讲：人们说电子商务、互联网制造了不公平，但是我的理解，互联网制造了真正的公平。请问，全国各省、各市、各地区，有哪个地方为小企业、初创企业提供税收优惠？互联网给了小企业这个机会。有些企业三五年内享受了五六个亿用户，他们呼唤跟小企业共同追求平等。小企业需要的就是500块钱的税收优惠，请所有阿里人支持他们，他们一定会成为中国将来最大的纳税者。

感谢各位！我将会从事一些自己感兴趣的事儿：教育、环保。刚才那首歌"Heal the world"，这世界很多事，我们做不了。这世界奥巴马就一个，但是太多的人把自己当奥巴马看。这世界每个人做好自己那份工作，做好自己感兴趣的那份工作，已经很了不起。我们一起努力，除了工作以外，完善中国的环境，让水清澈，让天空湛蓝，让粮食安全，我拜托大家！（马云单膝下跪）

我特别荣幸介绍阿里未来的团队，他们和我一起工作了很多年，他们比我更了解自己。陆兆禧工作了13年，在阿里巴巴内部，经历了很多岗位，经历了很多磨难，应该讲13年眼泪和欢笑是一样的多，接马云这个位置是非常难的。我能走到今天，是大家的信任。因为信任，所以简单！

我相信，我也恳请所有的人像支持我一样，支持新的团队，支持陆兆禧；像信任我一样信任新团队，信任陆兆禧。谢谢大家。

从明天开始，我将有我自己新的生活。我是幸运的，在我48岁，我就可以离开我的工作。在座每个人，你们会在48岁之前"工作是我的生活"。

从明天开始，生活将是我的工作，

欢迎陆兆禧！

（本文为2013年5月10日，马云在淘宝10周年晚会上，正式卸下当了14年的阿里巴巴集团CEO职位时发表的演讲。）

参考文献

[1] 郑作时.阿里巴巴——天下没有难做的生意[M].杭州：浙江人民出版社，2005.

[2] 孙燕君.阿里巴巴神话——马云的美丽新世界[M].江苏：江苏文艺出版社，2007.

[3] 沈威风.淘宝网：倒立者赢[M].杭州：浙江人民出版社，2007.

[4] 刘世英，彭征明.马云创业思维[M].北京：经济日报出版社，2008.

[5] 孙燕君.马云教——解开马云商业帝国密咒[M].江苏：江苏文艺出版社，2008.

[6] 杨艾祥.马云创造[M].北京：中国发展出版社，2006.

[7] 刘世英，彭征.谁认识马云[M].北京：中信出版社，2006.

[8] 《赢在中国》项目组.马云点评创业[M].北京：中国民主法制出版社，2007.

[9] 杨连柱.史玉柱如是说[M].北京：中国经济出版社，2008.

[10] 曾昭华.柳传志如是说[M].北京：中国经济出版社，2008.

[11] 朱甫.马云谈创业[M].深圳：海天出版社，2008.

[12] 孙富鑫.史玉柱谈创业[M].深圳：海天出版社，2009.

[13] 朱甫.马云谈管理[M].深圳：海天出版社，2008.

[14] 任伟.王石如是说[M].北京：中国经济出版社，2009.

[15] 纪子义.马云如是说2[M].北京：中国经济出版社，2009.

[16] 韩征痕.潘石屹如是说[M].北京：中国经济出版社，2009.

[17] 刘光明.企业文化教程[M].北京：北京经济管理出版社，2008.

[18] 【美】约翰·拉尔森.管理圣经[M].胡邓，译.北京：企业管理出版社，2004.

[19] 【美】彼德·圣吉.第五项修炼[M].郭进隆，译.上海：上海三联书店出版社，2005.

[20] 【美】加里·胡佛.愿景[M].薛源，夏扬，译.北京：中信出版社，2008.

[21] 【美】迈克尔·戴尔.戴尔战略[M].谢绮蓉，译.上海：上海远东出版社，1999.

[22] 【美】韦尔奇.杰克·韦尔奇自传[M].曹彦博，孙立明，译，3版.北京：中信出版社，2007.

[23] 【美】韦尔奇.赢[M].余江，译.北京：中信出版社，2005.

[24] 【美】斯蒂芬·P.罗宾斯.管理学[M].北京：清华大学出版社，2005.

[25] 张栾跃，李雨航，王志峰.微软360度：企业和文化[M].北京：电子工业出版社，2007.

[26] 杨述奎，叶舟.向NBA学习[M].北京：地震出版社，2005.

[27] 叶生.重塑——企业文化培训手册[M].北京：机械工业出版社，2005.

[28] 【美】詹姆斯·柯林斯，杰里·波勒斯.基业长青[M].北京：中信出版社，2009.

后记
HOUJI

　　深入地解析阿里巴巴这家真正的世界级企业成功的模式，是一件非常难的事情。毕竟，决定阿里巴巴走向成功的因素是很多的。从开始创作到最后出版，是一个极其漫长与备受煎熬的过程，这之间也亲眼见证了阿里巴巴迈向成功的每一步。

　　在《阿里巴巴的企业文化》写作过程中，作者查阅、参考了与阿里巴巴有关的大量的文献和作品，并从中得到了不少启悟，也借鉴了许多非常有价值的观点及案例。但由于资料来源广泛，部分资料未能（正确）注明来源及联系版权拥有者并支付稿酬，希望相关版权拥有者见到本声明后及时与我们联系，我们都将按国家有关规定向版权拥有者支付稿酬。在此，深深表示歉意与感谢。

　　由于写作者水平有限，书中不足之处在所难免，诚请广大读者指正。另外，王成富、王家生、卢亚雄、邱星贤、陈亚小、汤领荣、黄争取、赵金中等人参与编写了本书，在此一并感谢。